많은 이들이 기독교 교리를 쉽게 설명하는 일에 도전했다가 종종 실패합니다. 그만큼 어려운 일입니다. 그러나 이 책은 지금까지의 교리 해설서와는 차원이 다릅니다. 제목 그대로 단 3시간이면 기독교 핵심 교리를 이해하게 해줍니다. 저자는 서두에서 제목이 과장되었다고 말하지만 지나친 겸손입니다. 이 책은 우선, 설명이 친절합니다. 초신자도 충분히 이해할 수 있을 정도입니다. 둘째, 구성이 짜임새 있습니다. 계시론부터 종말론까지 조직신학의 중요 범주를 체계적으로 다룹니다. 셋째, 보는 재미가 있습니다. 중간중간 들어간 삽화는 책의 내용을 이해하는 데 도움이 될 뿐 아니라 그 자체로도 흥미롭습니다. 새가족에게 기독교의 주요 교리를 설명하는 데 이보다 더 좋은 책은 지금껏 보지 못했습니다.

김태희. 비전교회(부산 구포) 담임목사, 『웨스트민스터 대요리문답 해설』 저자

신앙생활에서 '교리'는 꼭 필요하지만 가까이 하기엔 어렵게 느껴지는 영역입니다. 그래서 이 책이 반갑습니다. 손에 잡힐 듯 잡히지 않는 교리를 우리 신앙생활과 연결해주는 다리 같기 때문입니다. 구어체로 교리를 설명하는데 그 논리적 흐름을 따라가다 보니 어느새 책이 마무리 되었고 교리에 대한 관심이 더 생겼습니다. 저자의 목소리가 들리는 듯한 친근함은 덤이었고요. 저자는 항상 청년들과 성도들에게 쉬운 언어로 메시지를 전달하려 했고, 이 책은 그 열매 중 하나입니다. 신앙의 올바른 길에 대한 생각을 정리할 수 있게 돕는 좋은 교재로, 우리 아이들과 함께 시간을 정해 나누기에 좋습니다.

오덕현. 내수동교회 집사, 국어 강사

개혁교회의 교부 장 칼뱅에 따르면, 교리는 교회를 지탱하는 뼈대이며 힘줄입니다. 교리 없는 교회는 뼈대와 힘줄이 없는 사람과 같아 한순간도 그 정체성을 지탱하기도, 사명을 감당하기도 어렵습니다. 교리는 교회의 존립과 생사뿐 아니라 그리스도인의 신앙과 삶을 떠받치는 중차대한 가르침입니다. 이 책은 현학적이고 사변적인 설명을 지양하고, 일상의 경험과 인문학적 지식을 적절히 사용해 스토리텔링 방식으로 기독교의 핵심 교리를 설명합니다. 서술 방식이 쉽고 명쾌하다고 해서 얄팍한 책이거나 단정하면 안 됩니다. 저자는 각 교리의 핵심을 놓치지 않고 정확하게 주지시키는 저술 역량을 유감없이 보여주고 있습니다. 우리 시대의 목회자, 신학생, 평신도 사이에 팽배한 교리 무용론을 불식시키고, 여러 이단의 흥기로 어려움을 겪는 한국 교회의 현실 속에서 교리 교육의 중요성을 일깨우며, 기독교 핵심 교리의 의미와 내용을 바르게 알고 그리스도인답게 살아가는 데 이 책이 요긴하게 사용되리라 확신합니다.

이동영. 서울성경신학대학원대학교 조직신학 교수

그리스도인은 성경의 진리에 토대해 삼위일체 하나님을 믿는 사람입니다. 그러나 신앙이란 지정의 어느 하나에 제한되지 않고 전인적입니다. 이는 자신이 무엇을 믿는지 지성적으로 인식하고, 구원의 은혜를 누리며, 아는 바를 실천하며 살아야 한다는 뜻입니다. "모든 그리스도인은 신학자다"라는 말도 있습니다. 전문적인 신학 연구는 신학자들의 몫이지만, 성경적인 교리 체계를 배우고 익히는 것은 모든 그리스도인의 공통 과제이기 때문입니다. 따라서 교리의 중요성을 일깨우고 내용을 쉽게 전달하는 책자는 필수입니다. 그런 점에서 기독교의 핵심 교리를 추려 알기 쉽게, 옆에서 얘기하듯 친근하게 풀어낸 이 책의 출간이 참 반갑습니다. 자신의 신앙을 돌아보며 치우치거나 빈 부분은 없는지 살피고, 나아가 비신자에게 자신이 믿는 바를 명료하게 소개하고 싶다면, 이 책을 활용할 것을 권해드립니다.

이상웅. 총신대학교 신학대학원 조직신학 교수

성경을 읽으며 올바르게 이해하려면 말씀에 대한 배경 지식이 있어야 합니다. 간단한 예로, "선악과를 왜 만드셨는지"를 이해하지 못하면 하나님을 이기적인 분으로 오해할 수 있습니다. 이런 배경 지식의 밑바탕이 교리인데, 이 책은 성경과 기독교 세계관을 이해하는 데 필수인 교리들을 쉽게 풀어 설명합니다. 성경 전체의 내용을 교리와 함께 요약하는 형태입니다. 구어체로 얘기를 나누듯 교리를 소개해, 독자도 다른 사람들에게 교리를 어떻게 설명하면 좋을지 아이디어를 제공합니다. 하지만 성경을 잘 모른다면, 이 책은 분량이 적고 빨리 읽히는 반면 그 속에 담긴 수많은 교리들을 한번에 소화하기 어려울 수도 있습니다. 그러므로 성경읽기표 등을 통해 각 장의 교리들을 성경 말씀과 함께 더 곱씹어보면 좋겠습니다. 다시 한번 성경 말씀에 재미를 붙이게 되는 계기가 될 것입니다.

이승현. 온누리교회 양재캠퍼스 청년, 네오위즈 데이터 분석가

3시간에 끝내는 기독교 핵심 교리

3시간에 끝내는
기독교 핵심 교리

김덕종

기독교 교리가 생소한 당신을 위한
쉽고 친절한 퀵가이드북

좋은씨앗

차례

오리엔테이션 10
- 교리가 뭐예요? 12
- 교리를 배우는 이유 15

1강. 하나님을 어떻게 알 수 있나요?
상향 종교와 하향 종교 19
계시가 뭐예요? 21
성경의 기록 목적 26
성경의 유익 28

2강. 하나님은 누구인가요?
하나님의 이름 33
하나님의 속성 41
하나님의 사역 49

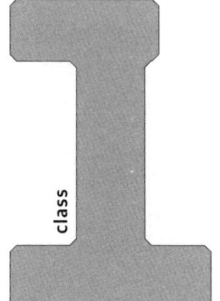

3강. 인간은 어떤 존재예요?
특별한 존재	61
하나님의 형상	65
이 땅의 통치자	67
하나님의 성품을 닮은 존재	71
근데 세상은 왜 끔찍해요?	72
죄의 시작	73
죄의 결과	76

4강. 예수님은 누구인가요?
속죄	79
예수 그리스도	80
인자	82
하나님의 아들	84
주	84
참 하나님	87
참 사람	88
예수님의 삼중 직분	91
예수님의 낮아짐	93
예수님의 높아짐	98

5강. 구원이 뭐예요?

- 삼위일체 하나님 　104
- 삼위일체 하나님의 구원 사역 　106
- 구원의 순서 　108

6강. 교회는 어떤 곳이에요?

- 교회로 말하자면 　121
- 성도가 교회인 이유 　122
- 그리스도의 몸 　126
- 하나님의 가족 　129
- 하나님의 집: 진리의 기둥과 터 　131

7강. 세상 마지막 날엔 무슨 일이 일어나요?

- 이미와 아직 　138
- 죽음 　139
- 중간 상태 　141
- 몸의 부활 　144
- 예수님의 재림 　146
- 재림의 징조 　147
- 최후의 심판과 최후의 상태 　149

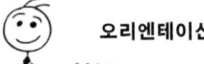
오리엔테이션

일단 고백부터 해야겠습니다. 이 책의 제목은 과장입니다. 좀 심하게 말하면 사기입니다. 기독교 교리를 아무리 핵심만 뽑아낸다 해도 3시간에 끝낼 수는 없으니까요. 그 시간으로는 수박 겉핥기도 안 됩니다. 겉모양 보는 정도밖에 할 수 없습니다.

그런데도 '3시간'을 제목에 넣게 된 이유가 있습니다. 저는 담임목회를 하고 있는 교회에서 수요예배 시간에 1년 좀 넘게 기독교 교리를 가르쳤습니다. 진도를 보니 강의가 끝나면 12월에 3주 정도가 남을 것 같았습니다. 다음에 진행할 공부를 이미 정해 놓았지만 새로운 공부는 새해에 시작하는 게 좋겠다는 생각이 들었습니다. 그래서 남은 3주 동안 그동안 공부해온 기독교 교리를 총정리한다는 의미로 '3시간에 끝내는 기독교 핵심 교리' 강의를 준비했지요.

기왕 준비하는 김에 강의안으로 정리할 게 아니라 이야기로 풀어보자는 생각이 들었습니다. 저 자신에게도 공부가 되고, 누구나 기독교 교리를 한눈에 훑어보며 정리하는 데 도움이 될 것 같았기 때문입니다.

3시간에 기독교의 핵심 교리를 익힌다는 게 말이 안 되기는 하지만 어떤 면에서는 상당히 의미가 있습니다. 책을 읽을 때, 먼저 목차를 자세히 보라고들 하지요. 목차를 머릿속에 넣어두고 책을 읽으면 아무리 두꺼운, 이른바 벽돌책이라 하더라도 중간에 길을 잃지 않고 끝까지 읽고 내용을 파악할 수 있습니다.

이 책을 장대한 기독교 교리의 목차처럼 사용하면 좋습니다. 설명이 달린 자세한 목차 말입니다. 이 책을 통해 기독교 교리가 무엇인지 대략적인 틀을 잡을 수 있습니다. 그런 다음 좀 더 깊이 있는 책을 읽으면 기독교의 믿음 체계를 공부하는 데 크게 도움이 될 것입니다.

교리가 뭐예요?

먼저, 교리(敎理, doctrine)가 뭔지 분명히 알고 시작하는 게 좋겠지요? 사전에서는 교리를 "한 종교의 기본 이론. 각 종교의 종파가 진리라고 규정한 신앙 체계"라고 정의합니다. 그렇다면 기독교 교리는 기독교에서 진리라고 규정한 신앙 체계라고 할 수 있겠네요. 아, 교리같이 어렵고 딱딱한 건 신학자들이 공부하면 됐지 일반 성도들이 알아서 뭐하냐고요?

하지만 잘 생각해보세요. '교리'라는 말이 어려워서 그렇지 우리는 그동안 교회에서 성경공부를 하면서 이미 교리를 많이 접

했습니다.

성경공부는 크게 두 종류로 나눌 수 있습니다. 성경별 성경공부와 주제별 성경공부지요. 창세기나 에베소서 같은 책을 한 장씩 읽고 공부해가는 것이 성경별 성경공부입니다. 반면, 주제별 성경공부는 말 그대로 신앙의 주제를 하나씩 배워갑니다. 교회에서 가장 많이 사용하는 방법이기도 하고요. 예를 들어, 교회에 새 신자가 오면 대개 일정 기간 동안 성경공부를 합니다. 이때 기본적인 신앙 주제에 대해 공부하지요. 구원이란 무엇인가, 예수님은 누구인가, 성경은 어떤 책인가 하는….

교리를 주제별 성경공부로 이해하면 쉽습니다. 기독교를 이해하는 데 필요한 주제들이 많습니다. 그중에서 가장 중요하고 기본이 되는 주제들을 모아 놓은 것이 교리입니다.

그렇다면 교리에서 다루는 중요한 주제들은 무엇일까요? 기독교 교리의 주제나 설명 순서에 대해서는 학자들마다 생각하는 바가 조금씩 다릅니다.

이 책에서는 전통적으로 논의되는 가장 기본적인 주제에 대해 얘기하겠습니다. 다음과 같습니다.

1. 계시론

2. 신론

3. 인간론

4. 기독론

5. 구원론

6. 교회론

7. 종말론

무슨 론, 무슨 론 하니까 좀 어려워 보이지만 실제로는 그렇지 않습니다. 앞으로 교리를 공부하다 보면 가끔 어려운 용어들이 나오지만 알고 보면 별것 아닙니다. 풀어 쓰면 말이 길어지니 한자로 요약해 그렇게 보일 뿐입니다. 위의 주제들도 일상에서 쓰는 말로 바꾸면 다음과 같습니다.

1. 하나님을 어떻게 알 수 있나요?

2. 하나님은 누구인가요?

3. 인간은 어떤 존재예요?

4. 예수님은 누구인가요?

5. 구원이 뭐예요?

6. 교회는 어떤 곳이에요?

7. 세상 마지막 날엔 무슨 일이 일어나요?

이렇게 바꾸니 그리 어렵지 않지요?

교리를 배우는 이유

그냥 성경 말씀 읽고 공부하면 되지 굳이 교리를 배워야 할까요? 교리는 성경과 별개의 것이 아닙니다. 교리의 모든 내용은 성경에 바탕을 두고 있거든요. 교리는 성경의 진리들을 좀 더 체계적으로 이해할 수 있도록 돕습니다.

"나무만 보면 숲은 못 본다"는 말 들어보셨지요? 성경에 나오는 개별적인 사실만 보고 공부하다 보면 자칫 성경 전체가 말하는 바를 놓칠 수 있습니다. 교리를 통해 성경 전체의 흐름을 알아야 성경 말씀을 더 잘 이해할 수 있습니다.

오늘날 우리 주변에 수많은 이단들이 있습니다. 이단은 성경에 나오는 개별적인 사실들을 교묘하게 엮어 이상한 주장을 하지요. 필요한 구절만 떼어다 자기들 입맛에 맞게 사용합니다. 이들의 언설과 궤변에 넘어가지 않으려면 성경을 전체적으로 이해해야 합니다.

앞에서 이 책을 '설명이 달린 목차'라고 소개했지만, 그렇다고 내용이 부실하지 않습니다. 기독교라는 종교가 기본적으로 무엇을 믿는지 충분히 배울 수 있습니다. 높게만 보이는 교리 공부의 문턱을 가볍게 넘어설 수 있습니다. 이 책을 통해 많은 성도들이 기독교 교리에 관심을 가지고, 흔들리지 않는 신앙의 기초를 다지는 한 걸음을 내딛게 되길 소망합니다.

1교시

1강. 하나님을 어떻게 알 수 있나요?

2강. 하나님은 누구인가요?

1강
하나님을 어떻게 알 수 있나요?

상향 종교와 하향 종교

세상에는 참 많은 종교들이 있습니다. 우리가 믿는 기독교뿐 아니라 불교, 이슬람교, 힌두교 등 여러 종교들이 있지요. 이런 종교들은 크게 둘로 나눌 수 있습니다. 상향 종교와 하향 종교입니다. 상향 종교는 위로 향하는 종교, 하향 종교는 아래로 향하는 종교라는 뜻입니다.

여기에서 위니 아래니 하는 것은 신과 인간의 위치를 말합니다. 일반적으로 신은 위에, 인간은 아래에 있다고 표현하지요. 상향 종교는 아래에 있는 인간이 위에 있는 신을 찾아가는 종교입니다. 반면, 하향 종교는 위에 있는 신이 아래에 있는 인간을 찾아오는 종교고요.

그렇다면 기독교는 상향 종교와 하향 종교 중 어디에 속할까요? 세상의 모든 종교는 상향 종교입니다. 어떤 문제이든 궁극적인 의미이든 인간이 신을 찾아가 해결하려 하지요. 반면, <u>기독교는 하향 종교입니다. 인간이 신을 찾아가는 게 아니라 신이 인간을 찾아오는 종교입니다.</u>

왜 기독교는 하향 종교일까요? 뒤에 가서 좀 더 이야기하겠지만 하나님은 무한한 분이십니다. 반면, 인간은 유한한 존재고요. 유한한 인간은 무한한 하나님을 스스로는 알 수 없습니다.

갓난아기가 스스로 부모를 찾아가 필요한 것을 요구할 수 없는 것과 비슷하다고나 할까요? 부모가 아기에게 와서 필요한 것을 채워주고 돌봐야 합니다. 마찬가지로 인간이 하나님을 찾아가 알 수 없기에 하나님이 인간을 찾아오셔야 합니다. 그래야 인간이 하나님을 알 수 있습니다.

하나님이 어떤 분인지 알 수 있게 자신을 드러내시는 것을 '계시'라고 합니다.

계시가 뭐예요?

'계시'라는 말을 들으면 무엇이 가장 먼저 떠오르나요? 꿈이나 환상 같은 신비한 체험이 생각나기 쉽습니다. '직통 계시'라는 말을 들어보셨을 겁니다. 신에게 직접 계시를 받는다는 뜻이지요. 하지만 계시는 단순히 신을 만나는 신비한 체험이 아닙니다. 앞에서 기독교는 하향 종교라고 말씀드렸지요? 인간이 신을 찾아가는 게 아니라 신이 인간을 찾아오는 종교라고요.

계시는 무슨 신비한 체험이 아니라 하나님이 인간을 찾아와 자신에 대해 보여주고 말씀하시는 것입니다. 계시라는 말은 라틴어 '레벨라티오'에서 왔습니다. 이 말은 '정체를 드러내다'라는 뜻입니다. 구약성경에서는 히브리어 '깔라'라는 말을 쓰지요. 이 말에는 '장애물을 걷어내다'라는 뜻이 있습니다. 신약성경에서는 그리스어 '아포칼립시스'를 씁니다. '감춰진 것을 드러나 보이게 하다'라는 뜻입니다.

탁자 위에 보자기가 덮여 있습니다. 보자기 밑에 무엇이 있는지 알 수 없습니다. 보자기를 걷어내는 것, 그래서 보자기 밑에 있어 보이지 않던 게 드러나는 것이 계시입니다. 보자기를 걷어내는 분은 하나님이십니다. 하나님이 스스로 보자기를 걷어내고 인간에게 자신을 보여주시는 것이 계시입니다.

한 걸음 더

불교 용어 중에 '돈오점수'(頓悟漸修)라는 말이 있습니다. '돈오'는 진리를 한순간에 깨닫는다는 말입니다. '점수'는 점진적으로 수행하는 것을 말합니다. 즉 돈오점수란, 한순간에 진리를 깨닫고 나서 수행하며 차츰 더 깊은 진리에 이른다는 말입니다.

이처럼 다른 종교는 인간이 스스로 노력하여 진리를 깨달아가야 합니다. 참선을 해서든, 오래 공부해서든, 고행을 해서든 깨닫는 것은 인간의 일입니다. 인간이 보자기를 걷어내고 그 밑에 있는 것을 보려고 합니다.

기독교에서 보자기를 걷어내는 이는 인간이 아니라 하나님이십니다. 하나님이 스스로 보자기를 걷어내고 인간에게 자신을 보여주시는 것이 계시입니다. 기독교는 하향 종교이므로 하나님이 인간을 찾아와 계시하시지 않으면, 인간이 하나님을 알 길이 없습니다. 그래서 기독교를 '계시 의존 종교'라고 말하기도 합니다.

일반 계시

계시는 크게 일반 계시와 특별 계시, 둘로 나눌 수 있습니다. 이 또한 어렵게 생각할 필요가 없습니다. 일반 계시는 일반적인 방법으로 계시하는 것이고, 특별 계시는 특별한 방법으로 계시하는 것입니다.

일반적인 방법이란 보통 사람이 경험할 수 있는 것을 말합니다. 대표적으로 자연을 들 수 있지요. <u>하나님은 직접 만드신 자연과 여러 피조물을 통해 하나님의 존재와 능력을 보여주십니다.</u>

자연에는 태양, 별, 산, 바다같이 웅장한 것만 있지 않습니다. 학창 시절 생물 시간에 세포에 대해 배운 적이 있을 겁니다. 세포는 생명체의 가장 기본 단위지요. 크기는 보통 10-100마이크로미터입니다($1 \mu m = 0.001 mm$). 현미경으로 들여다봐야 겨우 볼 수 있는 크기입니다. 이 작은 세포 하나도 여러 기관으로 이루어져 있습니다. 핵, 세포막, 미토콘드리아, 골지체, 소포제, 리보솜 등이 복잡하게 얽혀 있지요. 이 작은 세포를 들여다보면서 우리는 하나님의 놀라운 솜씨를 떠올립니다.

또 다른 일반 계시도 있습니다. 한국 사람이나 미국 사람이나 에티오피아 사람이나 실수로라도 누군가를 죽이면 죄책감을 느깁니다. 도둑질이나 거짓말이 나쁜 일이라는 생각을 보편적으로 합니다. 이런 행동이 잘못인 줄 알게 하는 것이 양심입니다. 우리는 양심을 통해 모든 사람에게 보편적으로 적용되는 선과 악의 기준이 있다는 것을 알 수 있습니다. 더불어 선과 악의 기준이 되는 존재, 하나님을 떠올리지요.

하지만 일반 계시를 통해서는 하나님을 제대로 알기 힘듭니다. 신의 존재를 막연히 느낄 뿐입니다. 하나님이 자연을 통해 자신을 계시하셨는데도, 인간이 정작 하나님을 섬기지 않고 자연 자체를 섬기며 우상 숭배를 하는 경우도 있습니다.

이런 일이 벌어지는 것은 인간의 죄 때문입니다. 죄가 인간의 눈을 덮어 하나님을 제대로 보지도 알지도 못하게 하기 때문입니다. 그래서 하나님은 특별한 방법으로 자신을 나타내십니다.

특별 계시

구약성경을 보면, 하나님이 일반적인 방법 말고 특별한 방법으로 자신을 나타내신 장면이 여러 번 나옵니다.

<u>첫째는 하나님의 현현입니다.</u> 하나님이 직접 모습을 드러내시는 것입니다. 그렇다고 하나님께 육체가 있다는 말이 아닙니다.

하나님은 여러 가지 상징적인 모습으로 임재를 보여주셨습니다. 구름이나 불, 바람을 통해 나타나셨습니다.

둘째는 예언입니다. 구약시대에 활동한 선지자들이 있습니다. 하나님은 그들을 통해 이스라엘 백성에게 말씀하셨습니다.

셋째는 이적입니다. 세상은 보통 자연법칙에 따라 모든 일이 일어납니다. 이적은 이런 자연법칙이 깨진 상태를 말합니다. 어쩌다 우연히 신기한 일이 일어나는 게 아닙니다. 하나님이 일반적인 자연법칙을 넘어 세상 일에 직접 개입하신 것입니다. 하나님은 때로 이적을 통해 일하시기도 합니다.

넷째는 꿈과 환상입니다. 하나님은 때로 꿈과 환상을 통해 자신의 뜻을 인간에게 보여주십니다. 대표적인 사람이 야곱의 아들 요셉입니다. 요셉의 별명은 "꿈꾸는 자"(창 37:19)였습니다. 하나님은 꿈을 통해 요셉에게 앞으로 일어날 일을 보여주셨습니다. 또 다른 사람으로 사도 요한을 들 수 있습니다. 그는 환상을 보았습니다. 성경의 마지막 책인 요한계시록을 보면, 하나님은 밧모섬에 있는 요한에게 환상을 통해 세상의 마지막 때에 무슨 일이 일어나는지 보여주십니다.

특별 계시는 특정한 때와 장소에서 주어졌습니다. 하지만 그 내용은 영원히 변치 않는 진리를 담고 있습니다. 하나님은 시간이 지나더라도 특별 계시가 사라지지 않게 기록하고 보존하도록 하셨습니다. 그 결과물이 성경입니다. 성경은 특별 계시의 완성입니다.

성경의 기록 목적

하나님은 성경을 통해 자신의 뜻을 우리 인간에게 계시하셨습니다. 유한한 인간이 무한한 하나님의 뜻을 다 알 수 없습니다. 아무리 많은 시간을 들여 성경을 깊이 연구한다 해도 하나님을 다 알 수 없습니다. 하나님이 우리에게 가르쳐주신 것만 알 수 있습니다.

하나님이 성경을 통해 특별히 우리에게 가르쳐주시려는 것은 무엇일까요? 다시 말해, 성경이 기록된 목적이 무엇일까요? 디모데후서 3장 15-17절을 보겠습니다.

[15] 또 어려서부터 성경을 알았나니 성경은 능히 너로 하여금 그리

스도 예수 안에 있는 믿음으로 말미암아 구원에 이르는 지혜가 있게 하느니라. ¹⁶ 모든 성경은 하나님의 감동으로 된 것으로 교훈과 책망과 바르게 함과 의로 교육하기에 유익하니 ¹⁷ 이는 하나님의 사람으로 온전하게 하며 모든 선한 일을 행할 능력을 갖추게 하려 함이라.

여기에서 성경이 기록된 두 가지 목적을 밝히고 있습니다. 먼저는, <u>그리스도 예수를 믿음으로 구원 얻는 지혜를 주기 위해서입니다</u>(15절). 어떻게 해야 우리가 구원을 받을 수 있는지 보여준다는 뜻입니다. 이것이 성경이 기록된 가장 중요한 목적입니다.

성경이 기록된 두 번째 목적은, <u>하나님의 사람을 온전하게 하고 모든 선한 일을 할 수 있게 하기 위해서입니다</u>. 구원받은 하나님의 사람들은 성경 말씀을 통해 온전해집니다. 하나님의 사람으로 선하게 살아갈 준비를 하게 됩니다. 성경을 보며 예수님의 발자취를 따라갈 수 있습니다.

우리는 성경을 통해 어떻게 구원받고, 구원받은 후 어떻게 살아야 하는지 알게 됩니다.

성경의 유익

구원에 이르는 지혜를 주고 하나님의 사람으로 살아갈 수 있게 해주는 성경은 당연히 우리의 삶에 유익합니다. 디모데후서 3장 16절은 성경이 구체적으로 어떤 유익을 주는지 설명합니다.

<u>첫째, 교훈을 줍니다.</u> 다른 성경 번역본은 이를 가리켜 '진리를 가르친다'라고 옮깁니다. 성경은 무엇이 참된 진리인지 가르쳐줍니다. 어떤 사실을 정확히 알려주는 정도가 아닙니다. 참된 진리, 유일한 진리, 우리가 목숨을 걸 수 있는 진리가 무엇인지 가르쳐줍니다.

<u>둘째, 책망합니다.</u> 책망에 해당하는 그리스 원어의 뜻은 '유죄를 판결하는 것'입니다. 성경은 우리의 잘못을 지적해 보여줍니다. 우리는 성경을 통해 우리의 약함을 볼 수 있습니다. 부족한 점을 알 수 있습니다.

<u>셋째, 바르게 합니다.</u> 이것은 바로잡는다는 뜻입니다. 성경은 잘못을 책망하는 데서 끝나지 않습니다. 사람들이 올바른 길로 갈 수 있도록 잡아줍니다. 무엇이 바른 길인지 가르쳐줍니다. 성경을 뜻하는 단어 중에 정경(正經)이라는 말이 있습니다. 라틴어

'캐논'에서 온 단어입니다. 고대 그리스에서 캐논은 갈대를 뜻했습니다. 당시 갈대는 길이를 재는 자로 사용되었지요. 따라서 캐논에는 자, 기준, 표준이라는 의미가 들어 있습니다. 성경이라는 기준을 통해 우리는 무엇이 올바른 길인지 알 수 있습니다.

넷째, 의로 교육합니다. 여기에서 의(義, righteousness)는 법률적인 표현으로서 매우 엄격한 정의를 의미합니다. 성경은 사람을 의롭게 교육하기에 적합합니다. 여기에서 의는 단순히 세상이 말하는 도덕적인 삶을 의미하지 않습니다. 성경은 하나님의 의가 무엇인지 보여줍니다. 하나님이 의롭다고 하시는 것이 무엇인지 가르쳐줍니다.

한 걸음 더

말씀이 우리에게 어떤 의미가 있는지 성경은 여러 가지 비유를 들어 말합니다. 예수님은 "사람이 떡으로만 살 것이 아니요 하나님의 입으로부터 나오는 모든 말씀으로 살 것이라 하였느니라"(마 4:4)고 말씀하셨습니다. 에베소서에서는 말씀을 '성령의 검'으로 표현하지요.

시편 119편 105절은 "주의 말씀은 내 발에 등이요 내 길에 빛이니이다"라고 노래합니다. 이 구절은 말씀을 두 종류의 빛에 비유합니다. 하나는 "내 발에 등"이고, 다른 하나는 "내 길에 빛"입니다. 둘 다 어둠을 비추지만 약간 차이가 납니다. 어떤 차이일까요?

깜깜한 밤에 항구를 찾아가는 배를 생각해보십시오. 이 배가 무사히 항구에 도착하려면 두 종류의 빛이 필요합니다. 하나는 항구가 어디에 있는지 알 수 있게 멀리서 비춰주는 등대 빛입니다. 배는 그 빛에 의지해 길을 잃지 않고 항구를 향해 나아갈 수 있습니다. 한편, 항구에 마지막까지 무사히 이르기 위해서는 배 앞을 비추는 전조등도 필요합니다. 그래야 배가 지나가는 길에 있을지도 모르는 암초를 피해갈 수 있을 테니까요.

"내 길에 빛"이란 등대 빛과 비슷합니다. 하나님의 말씀은 우리 인생이 어느 방향으로 가야 하는지 가르쳐줍니다. 한편, "내 발에 등"이란 배 앞을 비추는 전조등과 비슷합니다. 우리가 살아가면서 매일 맞닥뜨리는 문제와 결정이 있습니다. 이때 말씀은 우리가 잘못된 결정을 내리거나 넘어지지 않도록 우리의 앞길을 밝히며 인도합니다.

하나님은 인간을 찾아와 자신을 계시하십니다. 시간이 지나도 계시한 바가 사라지지 않게 기록, 보존해온 것이 성경입니다. 우리는 성경을 통해 하나님을 알 수 있습니다.

2강

하나님은 누구인가요?

하나님은 계시를 통해 자신이 누구인지 우리에게 가르쳐주셨습니다. 그런 하나님은 누구인가요?

하나님의 이름

하나님이 누구인지 알기 위해 가장 먼저 그분의 이름을 살펴보려 합니다. 사실 하나님은 이름이 없습니다. 이름이란 어떤 사물이 무엇인지 규정하는 것입니다. 그렇게 해서 다른 사물과 구별하지요. '사과'라는 이름을 부를 때, 우리는 실제로 존재하는 사과를 떠올립니다. '사과'라고 부르는 순간, 세상은 사과와 사과가 아닌 것으로 구별됩니다.

뒤에 가서 좀 더 자세히 보겠지만, 하나님은 무한한 분이십니다. 또한 만물을 존재하게 만든 분이시지요. 그런 하나님을 특정한 이름으로 부르면 하나님은 그 이름에 제한되고 맙니다. 하나님은 이름으로 제한할 수 없는 분인데 말입니다.

그럼에도 성경에는 하나님을 가리키는 여러 이름이 나옵니다. 이것은 하나님이 자신을 우리에게 이해시키는 방법입니다. 하나님의 사람들이 자기 삶에서 경험한 하나님을 부르는 것이기도 합니다.

구약성경에 나오는 이름

구약성경에 나오는 하나님의 이름부터 살펴볼까요? 하나님을 부르는 가장 보편적인 이름은 지금 우리도 언급하고 있는 '하나님'입니다. 히브리어로 '엘' 또는 '엘로힘'이라고 하지요. 엘로힘은 엘의 복수형입니다. 첫 번째, 최고라는 의미입니다. 강하고 두려운 대상을 가리키기도 합니다.

두 번째 이름은 '아도나이'입니다. 여기에는 다스리는 자, 주(Lord)라는 의미가 있습니다. 하나님이 만물을 다스리는 통치자라는 사실을 보여주지요.

세 번째 이름은 '여호와'입니다. 이 이름이 가장 중요합니다. 하나님이 직접 가르쳐주신 이름이기 때문입니다. 하나님이 이스라엘 백성을 구원하기 위해 모세를 부르십니다. 이때 모세는 백성들이 "누가 너를 보냈느냐"고 물으면 뭐라고 대답해야 할지 하나님께 묻습니다. 이에 하나님이 답하십니다. 출애굽기 3장 14절입니다.

> 하나님이 모세에게 이르시되 나는 스스로 있는 자이니라. 또 이르시되 너는 이스라엘 자손에게 이같이 이르기를 스스로 있는 자가 나를 너희에게 보내셨다 하라.

여기에서 "스스로 있는 자"에 해당하는 히브리어가 여러 단계를 거치면서 '여호와'라고 불리게 되었습니다. 이 이름은 하나님이 스스로 존재하는 분이심을 보여줍니다.

여호와라는 이름에는 어원을 넘어서는 특별한 의미도 있습니다. 말씀드렸듯이 하나님은 애굽에서 노예 생활을 하는 이스라엘 백성을 구해내십니다. 여호와는 바로 이때 그들에게 가르쳐주신 이름입니다. 이스라엘 백성과의 특별한 관계 속에서 주어진 이름입니다.

성경에서 하나님과 사람 사이의 특별한 관계는 '언약'이라는 개념으로 나타납니다. 하나님은 이스라엘 백성과 언약을 맺으십니다. 이렇게 언약을 맺으신 하나님을 출애굽기 3장 15절에서는 아브라함의 하나님, 이삭의 하나님, 야곱의 하나님이라고 소개합니다. 하나님은 이미 이스라엘 백성의 조상들과 언약을 맺으신 것입니다. 이 언약을 잊지 않고 그 후손인 모세에게 나타나 신실하게 지키십니다.

<u>여호와는 스스로 존재하시는 하나님을 부르는 이름이며, 동시에 신실하게 언약을 지키시는 하나님을 부르는 이름이기도 합니다.</u>

복합 명칭

구약성경에 나오는 하나님의 이름과 다른 단어가 결합된 하나님의 이름들도 성경에 나옵니다.

'엘'과 함께 나오는 대표적인 명칭이 '엘 샤다이'입니다. 창세기를 보면, 하나님이 자손을 약속하신 것을 아브람이 제대로 이해하지 못하고는 여종 하갈을 통해 이스마엘을 낳습니다. 이스마엘이 태어난 후로 13년 동안 하나님은 아브람에게 나타나지 않으셨지요. 그러고 나서 아브람이 99세가 되었을 때 다시 나타나 자신을 소개하며 사용하신 이름이 엘 샤다이입니다. '전능한 하나님'이라는 의미입니다.

'여호와'와 결합된 하나님의 이름들은 아마 많이 들어보셨을 겁니다. 창세기 22장을 보면, 아브라함이 하나님의 말씀에 순종해 이삭을 번제로 바치려 합니다. 그 순간 하나님이 아브라함의 행동을 저지하고 숫양을 대신 바치게 하십니다. 아브라함은 그 일이 일어난 땅의 이름을 '여호와 이레'라고 짓습니다. '하나님이 준비하신다'는 의미입니다.

출애굽기 15장을 보면, 이스라엘 백성들이 출애굽 후 수르 광야로 들어갑니다. 거기서 사흘 길을 걸었지만 물을 얻지 못한 채 마라에 이릅니다. 마라에는 물이 있었지만 써서 백성들이 마시지 못합니다. 이 일로 백성들이 모세를 원망합니다. 하나님은 모세에게 나뭇가지 하나를 꺾어 물에 던지라고 명하십니다. 그러자 쓴 물이 단물로 변해 이스라엘 백성들이 마실 수 있었습니다. 이때 하나님은 이스라엘 백성들에게 자신을 '여호와 라파'로 소개하십니다. '치료하시는 하나님'이라는 의미입니다.

출애굽기 17장에는 출애굽한 이스라엘 백성들이 르비딤에서 아말렉과 싸우는 장면이 나옵니다. 이때 모세가 팔을 들고 있으면 이스라엘이 이기고 팔을 내리면 지는 일이 반복됩니다. 이 사실을 알고 아론과 훌이 양옆에서 각각 모세의 팔을 붙들어 올립니다. 결국 이 전쟁에서 이스라엘이 승리하지요. 모세는 승리를 기념하여 제단을 쌓고, 그곳을 '여호와 닛시'라고 부릅니다. '여호와는 나의 깃발'이라는 의미입니다. 전쟁 가운데 승리를 주는 하나님이심을 고백하는 이름입니다.

신약성경에 나오는 이름

이제 신약성경에 나오는 하나님의 이름을 살펴보겠습니다. 구약성경은 히브리어로 쓰인 반면, 신약성경은 그리스어로 쓰였습니다. 따라서 신약성경에는 구약성경에 나오는 하나님의 이름이 그리스어로 표기됩니다.

먼저, '데오스'는 구약성경에 나오는 엘, 엘로힘에 해당하는 말입니다. 역시 가장 보편적으로 사용되는 이름이지요.

두 번째는 '퀴리오스', 이 이름은 구약성경의 여호와, 아도나이를 대신합니다. 역시 '주'라는 뜻을 가지고 있습니다.

　세 번째는 '파테르', 아버지라는 뜻입니다. 이 이름은 예수님이 특별히 제자들에게 가르쳐주신 이름입니다. 물론 구약성경에서도 하나님과 이스라엘의 관계를 아버지와 아들 사이로 묘사합니다. 다만 성도 개인과 하나님과의 관계에는 사용하지 않았습니다. 그런데 예수님은 제자들에게 기도를 가르쳐주면서 하나님을 아버지라 부르라고 이르십니다. 우리는 예수님을 통해 하나님의 자녀가 되었습니다.

한 걸음 더

하나님을 아버지라고 부르는 걸 어떻게 생각하세요? 우리가 하나님을 그렇게 부를 수 있는 근거는 무엇일까요? 갈라디아서 4장 6절을 보십시오. "너희가 아들이므로 하나님이 그 아들의 영을 우리 마음 가운데 보내사 아빠 아버지라 부르게 하셨느니라."

우리는 하나님의 아들입니다. 아들의 신분으로 하나님을 "아빠 아버지"라고 부를 수 있습니다. 여기에 쓰인 '아빠'는 우리말 아빠가 아닙니다. 영어성경에 보면 'Abba, Father'라고 되어 있습니다. '아빠'를 발음 그대로 적어 놓았습니다. '아빠'는 예수님 당시에 유대인들이 사용한 아람어입니다.

신약성경은 그리스어로 쓰였지만 곳곳에서 이런 아람어의 흔적을 찾아 볼 수 있습니다. 예를 들어, 마가복음 7장에서 예수님은 귀 먹고 말 더듬는 자를 고쳐주며 이렇게 말씀하십니다. "그에게 이르시되 에바다 하시니 이는 열리라는 뜻이라"(34절). 여기에 쓰인 '에바다'는 아람어입니다. 아람어를 모르는 사람들을 위해 그 뜻도 연이어 설명하고 있습니다. 그리스어 중간에 아람어를 끼워 넣은 것은 강조법으로 보입니다.

아람어 '아빠'가 우리말과 비슷하게 아버지라는 뜻을 가지고 있다니 흥

> 미롭지 않나요? 실제로 아람어 '아빠'가 발음뿐 아니라 의미도 우리말과 같다고 주장하는 학자들이 있습니다. 우리말처럼 아람어에서도 어린아이가 아버지를 부르는 호칭이라는 것이지요. 하나님은 우리의 아빠 아버지십니다.

하나님의 속성

하나님이 누구인지 알기 위해 그분의 이름을 살펴보았습니다. 이제 하나님의 '어떠함', 이른바 속성에 대해 알아보겠습니다. 하나님의 속성은 크게 둘로 나눌 수 있습니다. 공유적 속성과 비공유적 속성입니다. 여기서 공유란 하나님과 인간이 공통으로 가지고 있다는 뜻입니다.

그런 점에서 비공유적 속성은, 인간은 절대 가질 수 없고 오직 하나님만 가지고 계신 속성을 말합니다. 예를 들어, 하나님은 스스로 존재하는 분이십니다. 다른 누군가가 만든 존재가 아니며 스스로 존재하십니다. 그러나 인간은 스스로 존재할 수 없지요. 하나님이 인간을 창조하셨고, 그로 인해 인간은 이 땅에 존재하게 되었습니다. 비공유적 속성은 하나님이 우리 인간과 어떻게 다른지 보여줍니다.

공유적 속성은 하나님의 속성 중에서 우리 인간도 가지고 있는 속성을 말합니다. 예를 들어, 하나님은 사랑이시고 우리 인간도 서로를 사랑합니다. 공유적 속성은 인간이 하나님과 닮은 점에 주목합니다. 속성을 공유한다고 해서 완전히 같다고 할 수는 없습니다. 하나님의 사랑은 완전합니다. 하나님은 완전하게 거룩하고, 완전하게 의로운 분이십니다. 반면, 우리는 부분적으로만 그렇습니다.

비공유적 속성

하나님만 가지고 계신 <u>첫 번째 속성은 자존성입니다.</u> 하나님은 스스로 존재하십니다. 그분은 다른 누군가가 만든 존재가 아닙니다. 앞에서 하나님의 이름 중 '스스로 있는 자', 즉 여호와라는 이름에 대해 살펴보았습니다. 그 이름이 말해주듯 하나님은 스스로 계신 분, 존재 그 자체십니다.

하나님이 존재하기 위해 다른 피조물이 필요치 않습니다. 반면, 인간은 혼자 존재할 수 없습니다. 내향적인 사람은 혼자만의 시간을 즐기고, 생활력이 강한 사람은 무인도 같은 곳에서 자급자족하며 살 수 있을지 모릅니다. 하지만 이는 그런 차원을 말하지 않습니다. 사람이 살기 위해선 땅이 있어야 합니다. 물도 있어야 합니다. 태양도 있어야 합니다. 다른 피조물이 없다면 인간은 한시도 존재할 수 없습니다.

하나님은 다릅니다. 스스로 존재하시는 하나님에겐 다른 피조물이 필요치 않습니다. 땅이 없어도, 물이 없어도, 태양이 없어도, 사람이 없어도 하나님은 존재하십니다. 이런 자존성을 독립성이라고도 합니다.

<u>두 번째 속성은 불변성입니다.</u> 하나님은 변치 않는 분이십니다. 세상의 모든 것은 변합니다. 사람이 변하는 건 너무나 흔한 일이지요. 평생 같이하자고 결혼했지만 마음이 변해 이혼하는 경우가 많습니다.

그렇다면 자연은 어떨까요? 매일 아침 뜨는 태양은 어제의 태양과 똑같을까요? 겉으로 보기에는 같은 태양 같습니다. 실제로 태양의 중심부에선 핵융합이 쉬지 않고 일어나지만요. 이때 수소가 소모되면서 열이 발생합니다. 앞으로 100억 년이 지나면 태양

도 수명을 다한다고 합니다. 100억 년은 엄청난 시간이지만 태양이 변하고 있는 것은 사실입니다.

오직 하나님만 불변합니다. 존재 자체가 불변하고, 그분의 목적과 약속도 불변합니다. 하나님이 불변하다고 해서 아무 일도 하지 않고 멈춰 계신다고 오해하진 마시기 바랍니다. 아이러니하게도 변하지 않기 위해선 계속해서 움직여야 하거든요. 한여름 뙤약볕에 검정색 옷 하나만 계속 입고 다니면 어느 순간 색이 바래고 맙니다. 검정색이 검정색을 유지하려면 계속 검정색을 만들어 내야 합니다. 마찬가지로 의롭다는 속성도 계속 의롭게 행할 때 그 의로움이 유지될 수 있습니다. 그런 점에서 불변하는 하나님은 자신이 창조한 피조물과 관계를 맺으며 끊임없이 행하는 분이십니다.

세 번째 속성은 영원성입니다. 영원성은 하나님의 무한성과 관련이 있습니다. 하나님의 무한성이 공간으로 나타나면 편재성이고, 시간으로 나타나면 영원성입니다.

그러므로 하나님의 영원성은 단순히 하나님이 영원히 존재하심을 가리키는 표현이 아닙니다. 우리는 시간과 공간이라는 틀 안에서 존재하고 생각하지만, 그 시간을 창조한 분이 누구입니까? 바로 하나님입니다. 하나님은 시간이란 것이 없을 때에도 존재하셨습니다. 시간을 초월하는 분이시지요. 하나님에겐 과거도 현재이고, 미래도 현재입니다.

이런 하나님의 속성을 이해하기는 어렵습니다. 인간의 경험치를 넘어서거든요. 딱 들어맞진 않지만 이런 예를 들어볼까요?

거리에 아주 긴 축제 행렬이 지나갑니다. 사람은 방에 앉아 창문을 통해 그 행렬을 바라봅니다. 사람이 볼 수 있는 장면은 창문 앞으로 지나가는 행렬뿐입니다. 창문을 지나간 행렬은 과거이고, 아직 오지 않은 행렬은 미래인 셈이지요. 그런데 하나님은 이 행렬을 옥상에서 한눈에 내려다보십니다. 행렬의 처음과 끝을 동시에 보십니다. 그러니 하나님에겐 행렬의 시작도 없고 끝도 없습니다. 행렬 자체가 있을 뿐입니다.

네 번째 속성은 편재성입니다. 하나님은 모든 곳에 존재하십니다. 그것을 무소부재(無所不在)하다고 표현하기도 합니다. 한자를 풀어보면, 어느 한 장소에 계시지 않고 어디에나 계신다는 말입니다.

하나님은 공간의 제한을 받지 않으십니다. 이것은 신이 깃들지 않은 공간은 없다는 범신론의 주장과 다릅니다. 범신론은 온 세상에 신성이 충만하다고 말합니다. 신과 우주 전체를 동일하게 보지요. 그러나 하나님은 이런 공간 또는 세상도 넘어섭니다. 시간을 만드셨듯이 공간도 만드신 분이니까요.

하나님의 편재성은 우리에게 위로와 경고를 동시에 줍니다. 우리가 어떤 상황, 어떤 장소에 있더라도 하나님은 그곳에 우리와 함께하십니다. 우리는 그 하나님께 기도할 수 있습니다. 반대로 이렇게 생각해볼 수도 있지요. 우리가 아무리 숨어 죄를 지어도 하나님은 그 자리에 계십니다. 하나님의 눈을 가리고 죄를 짓는다는 것은 불가능합니다.

공유적 속성

공유적 속성은 우리 인간도 가지고 있고 경험할 수 있는 속성을 말합니다. 하지만 하나님이 가지고 계신 속성과는 분명한 차이가 있습니다. 인간은 그와 같은 속성을 불완전하게, 또는 부분적으로 가지고 있는 반면, 하나님은 완전하고 충만하게 가지고 계십니다.

지식이라는 속성을 예로 들어보겠습니다. 하나님과 마찬가지로 사람도 지식을 가지고 있습니다. 유물을 연구하여 과거 역사에 대한 지식을 쌓고, 자연을 관찰하여 세상이 돌아가는 원리에 대한 지식도 쌓지요. 하지만 아무리 똑똑한 사람일지라도 절대로 알 수 없는 지식이 있습니다. 미래에 대한 지식입니다. 미래에 대해 쓴 책이 많이 있긴 합니다. 하지만 그 내용은 모두 예측에 불과합니다.

또한 사람은 다른 이의 속마음을 알지 못합니다. 그러다 보니 가장 믿었던 사람에게 사기도 당하지요. 이렇듯 인간의 지식은 제한되어 있습니다. 반면, 하나님은 모든 일을 온전하게 아십니다.

우리가 하나님과 공유하는 속성에는 지식 말고도 지혜, 선함, 사랑, 의로움, 거룩함, 진실 등 여러 가지가 있습니다. 이러한 속성은 우리 인간도 가지고 있으므로 어떤 것인지 어느 정도 이해할 수 있습니다. 그러나 그 기준은 확연하게 다릅니다. 이를테면 다음과 같습니다.

하나님은 의로운 분이십니다. 여기에서 '의롭다'는 것은 무슨 뜻일까요? 의로움은 사람이 지닌 속성이기도 하므로 사람의 경우를 생각해보겠습니다. 우리는 어떤 사람을 의롭다고 생각하나요? 무엇을 보고 그를 의롭다고 말하나요? 우리는 그 사람의 행동을 보고 판단합니다. 그가 이러한 또는 저러한 행동을 하니까

의롭다고 말합니다.

그렇다면 하나님이 의로운 것은 의로운 행동을 하시기 때문인가요? 물론입니다. 다만 여기에서 고려해야 할 점이 있습니다. 그것이 의로운 행동인지 아닌지를 누가 판단하느냐는 것입니다. '하나님이 이렇게 행동하시니 의롭다'라고 우리가 판단한다면, 그 기준은 사람인 우리에게 있다는 소리입니다. 하나님이 의로운지 의롭지 않은지를 사람이 판단하는 셈이 됩니다.

그러나 의로움의 기준은 다름 아닌 하나님께 있습니다. 하나님이 의로운 것은 <u>단순히 의로운 행동을 하시기 때문이 아니라 그분 자체가 의로움의 기준이시기 때문입니다</u>. 하나님이 하시는 일이 곧 의로운 행동입니다. 선함도 마찬가지입니다. 하나님이 하시는 일이 곧 선한 행동입니다. 의로움이든 선함이든 그 기준은 사람이 아니라 하나님께 있습니다. 우리가 의로운지, 선한지는 하나님께 비추어 보면 판단할 수 있습니다.

하나님의 사역

영화 〈배트맨 비긴즈〉에 이런 대사가 나옵니다. "내가 하는 일이 나를 말해준다." 우리는 누군가가 하는 일을 보고 그가 어떤 사람인지 알 수 있습니다. 지금까지 우리는 하나님이 누구인지 알기 위해 그분의 이름과 속성에 대해 살펴보았습니다.

하나님이 누구인지 알 수 있는 또 다른 방법은 하나님의 사역,

즉 그분이 하시는 일을 보는 것입니다. 하나님의 사역은 크게 세 가지로 나눌 수 있습니다. 작정, 창조, 섭리입니다.

작정

작정이란 이 세상에 대한 하나님의 영원한 계획을 말합니다. 그중에서도 사람들의 구원과 관련된 계획을 특별히 '예정'이라고 부릅니다. 사람도 어떤 일을 하기 전에 계획을 세웁니다. 집 하나를 지으려 해도 방향을 어디로 할 건지, 자재는 무엇을 쓸 건지, 방은 몇 개나 만들 건지 계획할 것이 많습니다.

하나님의 작정과 사람의 계획에는 근본적인 차이가 있습니다. 그 차이는 하나님의 속성에 기인합니다. 사람은 미래를 알지 못한 채 계획을 세우지만 하나님은 다릅니다. 하나님의 영원성에 대해선 앞에서 살펴보았습니다. 하나님에겐 미래도 현재입니다. 또한 하나님은 전지하십니다. 모든 것을 다 아신다는 뜻입니다. 사람은 모르고 계획하지만 하나님은 다 알고 계획하십니다.

사람이 계획을 세울 때는 항상 예상치 못한 변수가 따릅니다. 가능한 모든 상황을 고려하여 계획을 세우지만 통제 불가능한 문제가 생길 때도 많습니다. 많은 결실을 기대하며 곡식을 심어도 태풍이 한번 불면 하루아침에 다 날아가버리고 맙니다.

반면, 전지한 하나님의 작정에는 한계가 없습니다. 통제할 수 없는 변수도 없습니다. 작정의 범위는 말 그대로 모든 것입니다. 하늘을 나는 새도 하나님의 작정 아래 있습니다. 제비뽑기조차 하나님의 통제 아래 있습니다.

사실 이것은 이해하기 어려운 개념입니다. 미래를 알고 작정한다는 것이 어떤 의미인지, 변수와 예외가 없다는 것이 어떤 의미인지 유한한 우리 인간으로선 상상도 할 수 없습니다. 다만 알 수 있는 건, 그러하기에 <u>하나님의 작정은 틀림없다는 것입니다. 하나님이 계획하신 것은 반드시 이루어집니다.</u>

하나님의 작정은 우리에게 큰 위로가 됩니다. 우리 인생을 우리가 계획한다면 과연 믿을 수 있을까요? 구원의 계획이 나에게 달려 있다면 안심할 수 있을까요? 그러나 하나님이 작정하신 일이기에 우리는 믿고 안심할 수 있습니다.

한 걸음 더

하나님의 작정을 생각하면 의문이 하나 생깁니다. 하나님의 작정과 인간의 책임은 어떤 관계일까 하는…. 하나님이 모든 것을 작정하셨다면, 인간이 무슨 죄를 지어도 책임질 필요가 없는 건 아닐까요? 죄 또한 하나님의 작정 중 하나였을 테니까요. 정말 그럴까요?

성경은 이 문제에서 인간의 자유의지를 말합니다. 하나님은 인간을 프로그램대로 행동하는 로봇으로 창조하지 않으셨습니다. 자유의지를 가지고 스스로 결정하는 인격체로 창조하셨습니다. 따라서 자기가 지은 죄의 책임은 자기에게 있습니다. 사도행전 2장 22-23절을 보십시오.

> ²² 이스라엘 사람들아 이 말을 들으라. 너희도 아는 바와 같이 하나님께서 나사렛 예수로 큰 권능과 기사와 표적을 너희 가운데서 베푸사 너희 앞에서 그를 증언하셨느니라. ²³ 그가 하나님께서 정하신 뜻과 미리 아신 대로 내준 바 되었거늘 너희가 법 없는 자들의 손을 빌려 못 박아 죽였으나.

베드로가 예루살렘에서 설교한 내용입니다. 예수님은 하나님이 큰 권능과 기사로 증언하신 분입니다. 그런 예수님이 십자가에 못 박혀 죽으셨습니다. 23절은 이 일이 이루어진 이유를 두 가지로 설명합니다. 먼저,

> 예수님이 십자가에서 죽으신 것은 하나님이 정하신 뜻이라고 말합니다. 예수님의 십자가를 통해 인간을 구원하는 것은 하나님의 계획이었습니다. 동시에 그 일은 백성들이 악한 자들의 손을 빌려 그분을 못박아 죽임으로 이루어졌습니다.
>
> 예수님의 십자가 죽음은 하나님의 계획이 맞습니다. 그렇다고 해서 인간의 책임이 없어지지 않습니다. 예수님을 십자가에 못 박아 죽인 죄의 책임은 분명 백성들에게 있습니다. 하나님의 작정과 인간의 자유의지가 어떤 관계인지 정확한 메커니즘은 알 수 없습니다. 그러나 성경은 분명 이 두 가지를 함께 말하고 있습니다.

창조

하나님은 작정대로 이 세상을 창조하셨습니다. 성경은 이 사실을 선포하며 시작됩니다. 창세기 1장 1절입니다.

> 태초에 하나님이 천지를 창조하시니라.

이 말씀을 통해 우리는 세상에서 많은 사람들이 따르고 있으나 성경이 부정하는 사상들이 있다는 걸 알게 됩니다.

무엇보다 성경은 무신론을 부정합니다. 많은 현대인들이 무신론에 빠져 있지만요. 그들은 진화론을 믿습니다. 하나님은 없고 세상은 우연히 생겨 진화되어 왔다고 주장합니다. 하지만 <u>**성경은 이 땅을 창조한 하나님이 계심을 분명히 선포합니다.**</u> 하나님이 없다고 주장하는 사람들은 어리석은 자라고 확실히 말합니다.

성경은 유물론도 부정합니다. 유물론은 눈에 보이는 물질을 만물의 근본이라고 생각합니다. 정신이나 마음은 부차적이며 물질 세계의 산물이라고 설명하지요. 인간과 동물의 차이를 설명할 때 '생각하는 능력'을 우선으로 치지 않습니다. 호모 사피엔스(*Homo sapiens*)의 가장 중요한 특징인데 말입니다. 대신에 직립보행을 가장 큰 차이로 봅니다. 인간이 두 발로 걷게 되면서 양손이 자유로워졌고, 양손으로 무언가를 만드는 노동 과정을 거치며 뇌가 발달했다고 설명합니다. 반면, 성경은 세상이 처음부터 물질로 이루어지지 않았다고 말합니다. 영이신 하나님이 물질 세상을 창조하셨다고 선포합니다.

성경은 범신론도 부정합니다. 오늘날 범신론의 대표적인 종교인 불교와 힌두교가 서양 사람들에게 인기가 많습니다. 참선과

명상으로 마음의 안정을 얻을 수 있다는 이유로요. 앞에서 하나님의 편재성에 대해 이야기하면서 범신론이 왜 잘못되었는지는 말씀드렸습니다. 범신론은 신과 이 세상을 하나로 봅니다. 만물에 신성이 있다고 말합니다.

그러나 성경은 그렇게 말하지 않습니다. 성경에 따르면 창조주 하나님이 계시고, 그분이 세상을 창조하셨습니다. 하나님과 세상은 분명하게 구별됩니다. 구별된다고 해서 하나님과 피조 세계가 아무런 관련이 없다는 뜻이 아닙니다. 피조 세계는 하나님과 구별되지만 언제나 하나님에게 의존할 수밖에 없습니다. 이 이야기는 뒤에 나오는 '섭리'에서 좀더 해보겠습니다.

하나님의 창조는 영육이원론도 부정합니다. 영육이원론은 그리스 철학에 근거합니다. 영적인 것은 선하고, 육에 속한 것은 악하다는 생각입니다. 기독교 초창기에 대표적인 이단이었던 영지주의가 이런 사상적 기반을 가지고 있었습니다.

영육이원론에서 악하다고 보는 물질 세계 또한 하나님이 창조하셨습니다. 창세기 1장을 보면, 하나님이 그동안 창조한 세상을 보며 이렇게 평가하십니다. "하나님이 보시기에 좋았더라." 엿새간의 창조를 다 마친 후에는 "보시기에 심히 좋았더라"고 말씀하셨습니다. 그렇습니다. 물질 세계는 하나님이 보시기에 좋은 상태로 창조되었습니다.

섭리

이신론자(理神論者)들이 있습니다. 세상을 창조한 신은 인정하지만 창조 후 그 신이 세상에 더 이상 개입하지 않는다고 주장하는 사람들입니다. 이들에게 우주는 커다란 기계와 같습니다. 우주가 창조된 후로는 더 이상 신이 개입하지 않은 채 우주에 내재하는 법칙에 따라 움직인다고 봅니다.

앞에서 말씀드렸듯이 피조 세계는 전적으로 하나님께 의존합니다. 하나님 없이는 한순간도 유지될 수 없습니다. 이것을 TV에 비유하는 학자들이 있습니다. TV를 보면 온갖 것이 다 나옵니다. TV 드라마에는 각양각색의 인생이 고스란히 담겨 있습니다. 하지만 전원 코드를 빼는 순간 TV 안에서 벌어지던 모든 것이 순식간에 사라지고 맙니다. 마찬가지로 하나님의 개입 없는 피조 세계는 존재할 수 없습니다.

<u>하나님이 창조하신 세계를 여전히 지키며 다스리시는 것을 섭리라고 합니다.</u> 세상은 우주의 법칙을 따라, 혹은 우연히 흘러

가지 않습니다. 하나님의 섭리를 따라 유지됩니다. 그 섭리는 크게 두 가지로 나뉩니다.

첫 번째 섭리는 보존입니다. <u>보존이란, 하나님이 피조물을 본래 창조된 대로 존재하도록 하시는 사역입니다.</u> 중력을 예로 들 수 있습니다. 만약 지구상에서 중력이 사라지면 어떤 일이 벌어질까요? 알다시피 지구는 자기 자신을 중심으로 회전하는 자전 활동을 하고 있습니다. 자전하는 지구에는 원심력이 있기에 중력이 없다면, 지구 위에 있는 모든 것이 우주로 다 날아가버릴 것입니다. 이런 일이 일어나지 않도록 하나님이 중력을 통해 피조물을 보존하십니다.

두 번째 섭리는 통치입니다. 하나님의 섭리는 단순히 만물을 창조된 모습대로 보존하는 일을 넘어섭니다. 하나님은 특별한 계획과 목적을 가지고 세상을 창조하셨습니다. <u>이 세상을 그분의 계획과 목적대로 이루어 가는 것을 통치라고 합니다.</u> 하나님은 이러한 통치를 실현하기 위해 피조물과 협력하십니다. 자연과 사람들을 사용하십니다. 때로는 악한 사람들의 행동도 이용해 그분의 선한 뜻을 이루시기도 합니다.

하나님의 섭리는 세상의 모든 것을 대상으로 합니다. 우주 전체의 모든 영역, 모든 일이 섭리의 대상입니다. 하나님의 섭리가 미치는 않는 영역이나 일은 없습니다. 사람들이 보기에 보잘것없는, 하늘을 나는 참새 한 마리도 그냥 땅에 떨어지지 않습니다. 무작위로 결과가 나올 것 같은 제비뽑기도 하나님의 섭리 아래 있습니다.

 여호와 하나님은 스스로 존재하고 불변하며 시간과 공간을 초월하시는 분입니다. 일부 성품을 인간과 공유하시나 그 기준이 되십니다. 작정대로 세상을 창조하셨고 섭리로 보존하며 통치하십니다.

2교시

3강. 인간은 어떤 존재예요?

4강. 예수님은 누구인가요?

3강

인간은 어떤 존재예요?

1교시 1강에서 계시에 대해 살펴보았습니다. 계시는 단순히 신비한 현상이나 체험이 아니라 하나님이 인간을 찾아와 자신에 대해 알려주시는 것입니다. 2강에서는 계시의 주체인 하나님이 누구인지 살펴보았습니다. 여기에서는 인간이 어떤 존재인지 얘기하려 합니다. 인간이 도대체 어떤 존재이기에 하나님은 다른 피조물은 다 내버려두고 인간에게만 자신을 계시하셨을까요?

특별한 존재

창세기 1장에는 하나님이 엿새 동안 천지를 창조하신 이야기가 나옵니다. 만물을 하나하나 창조하신 하나님은 가장 마지막에 사람을 창조하십니다. 사람이 마지막에 창조되었다는 것은 어떤 의미일까요? 연말가요제 같은 행사를 보면 가장 인기 있는 가수가 마지막 무대를 장식합니다. 대개는 가장 중요한 사람이 마지막 순서에 나오지요. 마찬가지로 사람이 가장 중요하기에 마지막에 창조된 것이 맞습니다.

그런데 여기에는 좀 더 특별한 의미가 있습니다. 이사야 45장 18절을 보겠습니다.

> 대저 여호와께서 이같이 말씀하시되 하늘을 창조하신 이 그는 하나님이시니 그가 땅을 지으시고 그것을 만드셨으며 그것을 견고하게 하시되 혼돈하게 창조하지 아니하시고 사람이 거주하게 그것을 지으셨으니 나는 여호와라. 나 외에 다른 이가 없느니라.

상반절을 보면, 하나님을 하늘과 땅을 창조하신 분으로 소개하고 있습니다. 하나님은 세상을 견고하게, 혼돈되지 않게 만드셨습니다. 엿새 동안의 창조를 통해 혼돈 상태에 있던 세상에 질서를 부여하셨습니다. 아무것도 없이 텅 비어 있는 세상을 채우셨습니다. 그렇게 하신 이유가 하반절에 나옵니다.

사람이 거주하게 그것을 지으셨으니.

하나님은 영이십니다. 세상이 혼돈스럽고 텅 비어 있어도 하나님에게 아무런 영향을 미치지 못합니다. 그런데도 하나님이 세상을 질서 있게 만들고, 해와 달과 바다와 육지와 식물과 동물로 채우신 이유가 있습니다. 사람이 거주할 수 있는 곳을 만들기 위해서입니다.

물론 창조의 궁극적인 목적은 하나님의 영광입니다. 세상 만물은 하나님의 영광을 위해 지음 받았습니다. 그런데 영광의 하나님이 다른 피조물보다 사람을 더 특별하게 배려하십니다.

엿새 간의 창조는 세상을 사람이 거주할 수 있는 곳으로 만들기 위함이었습니다. 요즘으로 치면 풀옵션을 갖춘 집을 지으신 것입니다. 살아가는 데 필요한 가구와 가전제품이 빠짐없이 구비된 집입니다. 그뿐 아니라 냉장고에는 먹을거리가 가득 차 있고, 옷장에는 옷이 한가득입니다. 말 그대로 몸만 들어와 살면 되는 집입니다. 이렇듯 하나님은 엿새 동안 세상을 사람이 살 수 있는 풀옵션 하우스로 창조하셨습니다.

사람에 대한 하나님의 특별한 관심은 시편에서도 찾아볼 수 있습니다. 시편 8편 5절입니다.

> 그를 하나님보다 조금 못하게 하시고 영화와 존귀로 관을 씌우셨나이다.

여기에서 "그"는 사람을 가리킵니다. 하나님이 사람을 하나님보다 조금 못한 존재로 지으셨다고 합니다. 보통 '누구보다 못한 존재'라는 건 칭찬이 아닙니다. 더 낫다고 해야 칭찬이지요. 그러나 이것도 누구와 비교하느냐에 따라 달라집니다. 예를 들어, 축구를 아주 잘하는 학생이 있습니다. 그 학생에게 "너는 축구를 손흥민보다 조금 못해"라고 말한다면 엄청난 칭찬이 됩니다. 축구 국가대표이자 프리미어리그에서 활약하는 손흥민 선수와 비교된다는 것 자체가 영광이지요.

그런데 성경은 사람이 하나님보다 조금 못한 존재로 창조되었다고 말합니다. 이 말은 <u>하나님이 사람을 매우 영광스럽고 존귀한 존재로 창조하셨다는 뜻입니다.</u>

하나님의 형상

사람이 하나님에게 특별한 존재라는 건, 무엇보다 인간이 하나님의 형상대로 창조되었다는 대목에서 잘 드러납니다. 창세기 1장 26절을 보십시오.

> 하나님이 이르시되 우리의 형상을 따라 우리의 모양대로 우리가 사람을 만들고 그들로 바다의 물고기와 하늘의 새와 가축과 온 땅과 땅에 기는 모든 것을 다스리게 하자 하시고.

하나님은 자신의 형상과 모양대로 사람을 창조하셨습니다. '형상'과 '모양'이라는 동일어가 반복된 것은 강조법입니다. 사람이 하나님의 형상대로 창조되었다는 건 구체적으로 어떤 의미일까요? 한마디로 말해, 하나님을 닮은 존재로 창조되었다는 것입니다. 하나님은 영이십니다. 그러니 우리가 그분의 겉모습을 닮을 수는 없습니다. 사람이 하나님을 닮았다는 것이 어떤 의미인지 요한일서 1장 3절을 현대인의성경으로 보겠습니다.

우리가 보고 들은 것을 여러분에게 전하는 것은 여러분도 우리와 교제를 갖도록 하기 위한 것입니다. 우리의 교제는 아버지와 그분의 아들 예수 그리스도와 갖는 교제입니다.

여기에서 "보고 들은 것"이란 영원한 생명이신 예수님을 말합니다. 제자들이 예수님을 전하는 데는 목적이 있습니다. 함께 교제하기 위해서입니다. 이 교제는 그저 사람들과 친하게 지내는 것을 뜻하지 않습니다. 하나님과 하나님의 아들 예수님과 교제하는 것을 말합니다.

<u>사람은 하나님과 교제하는 존재입니다. 이것은 사람이 하나님의 형상대로 지어진 존재이기에 가능한 일입니다.</u> 하나님과 교제하는 것이 뭐 얼마나 대단한 일이냐고 반문하는 분이 있을지 모르겠습니다. 그렇다면 한번 이렇게 생각해볼까요?

집에서 개나 고양이를 기르는 분들 있으시죠? 지금 제가 어떤 표현을 썼는지 유심히 보십시오. 개나 고양이는 기르거나 키우는 존재입니다. 아무리 개나 고양이를 좋아해도 "나는 개와 사귀어", "나는 고양이와 교제해"라고 말하지 않습니다. 왜 그럴까요? 사람이 개나 고양이를 기를 수는 있어도 교제할 수 없는 이

유는 무엇일까요?

기르거나 키운다는 것은 한쪽이 다른 한쪽을 돌볼 수 있을 만큼 우월한 위치에 있을 때 쓰는 표현입니다. 반면 교제는 서로 동등할 때 쓸 수 있는 표현입니다. 우리가 자녀를 낳아 기르는 것은 다른 경우입니다. 애초에 개와 고양이는 사람과 동등하지 않습니다. 하나님은 사람을 개나 고양이와 동등한 존재로 창조하지 않으셨습니다. 대신에 우리 인간을 하나님의 형상대로, 하나님을 닮고 하나님과 동등한 존재로 창조하셨습니다. 다시 말해, 하나님과 교제할 수 있는 존재로 지으셨습니다. 사람이 하나님을 닮았다는 것은 바로 이런 의미입니다.

이 땅의 통치자

하나님이 사람을 하나님과 교제할 수 있는 존재로 창조하고 나서 주신 특별한 복이 있습니다. 앞에 나온 창세기 1장 26절의 하반절은 이렇게 말하고 있습니다.

그들로 바다의 물고기와 하늘의 새와 가축과 온 땅과 땅에 기는 모든 것을 다스리게 하자 하시고.

하나님이 이 땅을 창조하셨습니다. 이 땅을 통치하는 것은 창조주 하나님의 당연한 권리입니다. 그런데 하나님은 이 일을 사람에게 위임하셨습니다. 고대 왕들은 영토 곳곳에 자신의 동상을 세웠습니다. 그 영토가 자신의 통치 아래 있음을 보여주기 위해서였습니다. 동상이 왕을 대표하는 셈입니다. 하나님도 이 땅에 하나님의 대표자를 세우셨습니다. 하나님의 형상으로 창조된 사람을 세워 대신 통치하게 하셨습니다. 사람이 하나님을 대신해 이 땅의 통치자가 되는 건, 왕의 동상이 왕을 대표하는 것에 비할 바가 못 됩니다. 이는 훨씬 더 특별한 의미를 지닙니다.

그것이 어떤 의미인지는 창세기 5장에 나오는 아담의 계보에서 힌트를 얻을 수 있습니다. 아담은 가인과 아벨 두 아들을 두었지요. 그러나 아벨이 형 가인에게 살해 당한 후, 아담은 셋이라는 아들을 새로 얻습니다. 이 일을 3절은 다음과 같이 묘사합니다. "자기의 형상과 같은 아들을 낳아."

아담이 자신의 모양, 곧 자기의 형상과 같은 아들을 낳았습니다. 누군가의 형상이 되는 것을 아버지와 아들의 관계로 나타내고 있습니다. 사람이 하나님의 형상으로 지음 받고 이 땅을 통치한다는 건, 하나님의 자녀된 자격으로 그 일을 한다는 뜻입니다. 하나님 나라의 왕자와 공주가 되어 이 땅을 통치하는 복을 받은 것입니다.

한 걸음 더

우상 숭배란 무엇일까요? 보통은 하나님보다 더 사랑하는 무언가를 '우상'이라고 합니다. 그런데 이것을 통치 문제로도 생각해볼 수 있습니다. 권홍우가 쓴 『부의 역사』 머리말에는 이런 이야기가 실려 있습니다. 19세기 비평가이자 극작가인 존 러스킨이 던진 질문입니다.

> 금화가 가득 든 가방을 들고 배에 오른 부호가 있었다. 출항하고 얼마 후 폭풍우를 만나 배가 침몰될 위기를 맞자 승객과 선원들은 살아남기 위해 앞다투어 바다로 뛰어들었다. 부호도 마찬가지였다. 그러나 그는 목숨을 잃고 말았다. 금화 가방을 몸에 묶고 뛰어내렸기

> 때문이다. 그렇다면 그가 황금을 소유한 것일까, 아니면 황금이 그를 소유한 것일까?

사람이 금을 다스리지 못하고 금이 사람을 다스리는 세상입니다. 그러나 하나님이 주신 질서는 '하나님-사람-세상'이 아니던가요? 이 질서가 깨졌습니다. 우리가 다스려야 할 대상이 오히려 우리를 다스리고 있습니다. 우리는 그 대상을 섬기고 있습니다.

예수님은 복음서에서 하나님과 재물을 겸하여 섬길 수 없다고 말씀하셨습니다. 여기에서 재물로 번역된 그리스 원어는 '맘몬'입니다. 맘몬은 단순히 금전적 재물만 가리키지 않습니다. 이방이 섬기던 우상 신을 상징하기도 합니다. 재물 또는 돈이 신의 자리에 오른 것입니다. 그것이 이제는 사람을 다스립니다. 사람들이 재물을 섬깁니다.

이것이 바로 우상 숭배입니다. 우리가 다스려야 할 대상을 섬기는 것, 다스려야 할 대상에게 오히려 지배받는 것 말입니다. 무엇이든 우상 숭배의 대상이 될 수 있습니다. 돈, 성공, 건강, 심지어 자녀조차 우리의 우상이 될 수 있습니다.

하나님의 성품을 닮은 존재

사람이 하나님의 형상대로 창조되었다고 말씀드렸습니다. 그 사실이 우리에게 요구하는 삶의 모습이 있습니다. 하나님을 닮은 존재로 창조되었다면, <u>이제 그와 같은 존재에 합당한 삶을 살아야 한다는 것이지요.</u>

하나님이 어떤 분이신지도 앞에서 살펴보았습니다. 하나님은 의로운 분이십니다. 사랑이십니다. 거룩하십니다. 이것은 우리 인간도 공유하고 있는 하나님의 속성입니다. 공유한다는 건, 단순히 이러한 성품을 우리도 가질 수 있다는 정도에서 끝나는 문제가 아닙니다. 더 나아가 하나님의 성품을 따라 살아야 한다는 뜻입니다. 하나님은 "내가 거룩하니 너희도 거룩할지어다"(레 11:45)라고 말씀하셨습니다.

하나님의 사랑을 따라 서로 사랑해야 합니다. 하나님의 의로우심을 따라 의롭게 살아야 합니다. 하나님의 거룩하심을 따라 거룩하게 살아야 합니다. 이것이 하나님의 형상대로 지음 받은 우리가 살아내야 하는 삶의 모습입니다.

근데 세상은 왜 끔찍해요?

〈사람이 꽃보다 아름다워〉라는 노래가 있습니다. 이 노래 가사처럼 사람은 하나님을 닮은 피조물, 꽃보다 아름다운 존재로 창조되었습니다. 그러나 당면한 현실은 다릅니다.

갖가지 질병에 걸려 고통받는 사람들이 너무나 많습니다. 호스피스 병동에 가면 말 그대로 뼈에 살가죽만 붙은 채 죽을 날을 기다리는 환자들을 볼 수 있습니다. 죽음보다 더한 통증에 몸부림치는 말기암 환자들이 있습니다. 자연재해, 교통사고, 세월호·이태원 참사 같은 끔찍한 사고들도 끊이지 않습니다. 가족을 잃은 슬픔 때문에 스스로 목숨을 끊는 비극도 일어납니다.

무서운 범죄도 사회에 만연합니다. 사람이 저질렀다고는 도저히 믿을 수 없는 범죄들이 늘고 있습니다. 불특정 다수를 향해 칼을 휘두르는 이른바 묻지마 범죄도 횡행합니다. 전쟁은 더 말할 것도 없습니다. 지금 이 시간에도 세계 곳곳에서 전쟁이 벌어지고 있습니다. 전쟁의 참상을 매일같이 TV를 통해 확인합니다.

도대체 이런 일이 왜 벌어지는 걸까요? 사람은 분명 하나님의 형상대로 창조된 아름답고 존귀한 존재인데, 사람 사는 세상에 왜 이런 끔찍한 일이 일어나는 건가요? 성경은 이 모든 것이 죄 때문이라고 분명히 밝힙니다.

죄의 시작

죄 때문에 인간과 하나님의 관계가 깨졌습니다. 하나님과의 관계가 깨진 인간은 더 이상 온전한 모습을 유지하지 못합니다. 다른 사람들과의 관계도 모두 깨지고 말았습니다. 결국 죄는 우리가 경험하고 있는 끔찍한 세상을 만들었습니다. 창세기에는 이 무서운 죄가 어떻게 시작되었는지 자세히 나옵니다.

하나님은 아담과 하와를 창조하시고 에덴동산에 두셨습니다. 에덴동산은 모든 것이 풍족한 곳이었습니다. 사람은 이곳에서 모든 것을 마음대로 누리며 살 수 있었습니다. 하나님은 단 한 가지만 금하는 명령을 내리셨습니다. 선악을 알게 하는 나무의 실과는 따먹지 말라는 명령이었습니다. 아담과 하와는 뱀의 유혹에 넘어가 이 말씀에 불순종합니다.

이것은 단순히 나무 열매 하나 따먹은 차원의 문제가 아닙니다. 창세기 3장 5절에서 뱀은 여자를 유혹하며 이렇게 말합니다.

너희가 그것을 먹는 날에는 너희 눈이 밝아져 하나님과 같이 되어 선악을 알 줄 하나님이 아심이니라.

"눈이 밝아져 하나님과 같이 되어"라는 말을 눈여겨보십시오. 피조물인 사람은 창조주 하나님과 본질적으로 같아질 수 없습니다. 그런데도 뱀은 선악과를 먹으면 하나님과 동등해진다고 말합니다. 능력이 동등해지는 게 아니라 선악을 아는 것에서 동등해진다는 뜻입니다. 선악을 아는 것은 본래 하나님의 일입니다. 선악의 기준은 하나님이시니까요.

뱀은 지금 여자를 유혹하며 이 기준을 바꾸고 있습니다. 선악을 판단하는 기준이 사람이 됩니다. 이런 경우, 하나님이 옳다고 하셔도 사람이 보기에 좋지 않으면 악이 됩니다. 하나님이 악하다고 하셔도 사람이 보기에 좋으면 선이 됩니다. 선악과를 먹는다는 건, 피조물인 사람이 더 이상 하나님의 뜻대로 살지 않겠다는 선언입니다. <u>창조주 하나님의 뜻을 따라 살지 않고 자기 마음대로 사는 것, 이것이 모든 죄의 근본적인 모습입니다.</u>

한 걸음 더

선악과 이야기를 할 때 항상 나오는 말이 있습니다. 왜 하나님이 선악과를 만드셨냐는 것입니다. 애당초 선악과가 없었으면 사람이 죄 지을 일도 없었을 텐데요. 그리스 로마 신화에 나오는 판도라 상자같이 하나님이 사람을 골탕먹이려고 선악과를 만드신 게 아니냐고도 묻습니다.

이렇게 말하는 것은 선악과의 의미를 알지 못하기 때문입니다. 앞에서 보았듯이, 하나님은 사람을 하나님의 형상대로 창조하시고 이 땅을 통치하는 복을 주셨습니다. 사람은 하나님을 대신해 이 땅을 통치합니다.

이때 절대 잊으면 안 되는 건, 사람이 통치를 위임받았다는 사실입니다. 본래 이 땅을 통치하는 것은 하나님의 권리입니다. 그것을 위임받았을 뿐입니다. 사람은 하나님의 형상대로 창조된 특별한 존재지만, 다른 피조물과 마찬가지로 하나님의 통치 아래 있음을 잊지 말아야 합니다. 이 땅을 다스리는 사람의 주인은 하나님이십니다.

선악과는 이러한 관계를 상징적으로 보여줍니다. 사람은 만물의 통치자가 틀림없습니다. 다만 이 복은 사람이 하나님의 통치 아래 있을 때 받는 축복입니다. 선악과는 시험과 유혹의 상징이 아니라 축복의 상징입니다. 하나님의 명령에 순종하여 선악과를 따먹지 않는 것은 하나님이 주인이심을 인정하는 일입니다. 이 사실만 인정하면 인간은 세상을 다스리는 축복을 계속 누릴 수 있습니다. 그러나 이 축복의 상징은 인간의 불순종 때문에 저주와 심판의 상징이 되고 말았습니다.

죄의 결과

자신이 보기에 좋은 것을 얻기 위해 하나님을 떠난 인간은 행복할 수 없습니다. 연을 생각해보십시오. 연이 자유롭게 하늘을 날 수 있는 건 연줄에 매달려 있기 때문입니다. 연을 자유롭게 해준답시고 연줄을 끊어버리면 어떻게 될까요? 연은 자유로워지기는커녕 땅에 추락하고 맙니다. 기차도 그렇습니다. 기차는 철로 위에 있을 때 비로소 자유롭게 달릴 수 있습니다. 철로를 벗어나는 것은 자유가 아니라 탈선입니다.

<u>하나님과의 관계라는 줄이 끊긴 인간, 하나님의 뜻을 떠나 탈선한 인간에게 남은 것은 심판뿐입니다.</u> 하나님은 죄를 지은 인간에게 이렇게 말씀하십니다. 창세기 3장 17절입니다. "너는 흙이

니 흙으로 돌아갈 것이니라."

흙으로 지음 받은 인간은 이제 죽어 흙으로 돌아가는 신세가 되었습니다. 하나님의 심판은 육체의 죽음으로 끝나지 않습니다. 히브리서 9장 27절은 이렇게 말합니다. "한번 죽는 것은 사람에게 정해진 것이요 그 후에는 심판이 있으리니."

육체의 죽음 이후에 하나님의 영원한 심판이 있습니다. 인간은 처음에 하나님의 형상대로 창조된 가장 존귀한 존재였습니다. 그러나 이제 죄 때문에 영원한 하나님의 심판을 기다리는 처지가 되었습니다.

인간은 하나님의 형상대로 창조되고 이 땅의 통치를 위임 받은 특별한 존재입니다. 그러나 하나님께 불순종함으로 죄를 짓고 영원한 심판을 기다리는 처지가 되었습니다.

4강

예수님은 누구인가요?

속죄

불순종하고 하나님을 떠난 인간은 스스로는 돌이킬 수 없는 비참한 처지에 빠지고 말았습니다. 육체의 죽음을 넘어 영원한 하나님의 심판 아래 놓인 존재가 되었습니다. 하나님은 인간을 이런 비참한 상태에 내버려두지 않으셨습니다. 거기에서 벗어날 수 있는 구원의 길을 마련해놓으셨습니다. 바로 예수님입니다.

예수님은 우리의 죄를 짊어지셨습니다. 우리가 받아야 할 형벌을 대신 받기 위해 십자가에서 죽으셨습니다. 그로 인해 인간의 죄 문제가 해결되었습니다. 이것이 예수님의 속죄 사역입니다.

성경은 우리를 대신해 십자가에서 죽으신 예수님 말고는 다른 구원의 길이 없다고 분명하게 말합니다. 예수님이 직접 "나로 말미암지 않고는 아버지께로 올 자가 없느니라"(요 14:6)고 말씀하셨습니다. 그렇다면 유일한 구원의 길인 예수님은 과연 어떤 분일까요?

예수 그리스도

1교시에서 하나님이 누구인지 알기 위해 그분의 이름에 대해 살펴보았습니다. 마찬가지로 예수님이 누구인지 알기 위해 그분의 이름, 즉 예수님을 부르는 호칭에 대해 알아보겠습니다.

먼저, '예수 그리스도'입니다. 예수 그리스도는 예수님을 부르는 대표적인 호칭입니다. 단순히 '예수'라는 이름과 '그리스도'라는 이름을 합친 호칭이 아닙니다. 사도행전 5장 42절을 보십시오.

> 그들이 날마다 성전에 있든지 집에 있든지 예수는 그리스도라고 가르치기와 전도하기를 그치지 아니하니라.

사도들이 성전에 있든지 집에 있든지 계속해서 가르친 것이 있습니다. "예수는 그리스도"라는 사실입니다. 예수 그리스도라는 호칭은 실제로 하나의 문장으로 '예수는 그리스도다'라는 의미를 갖습니다.

예수는 인간 예수님의 이름입니다. 마태복음 1장에서 천사가 요셉에게 나타나 장차 그가 아들을 낳을 것인데 이름을 예수로 지으라고 이릅니다. '예수'는 구원자라는 뜻입니다. 구약성경에 나오는 이름 여호수아나 호세아와 같은 뜻입니다.

구약성경에 호세아 선지자가 있는가 하면 호세아 왕도 있는 것처럼, 예수님 당시에도 예수라는 이름을 가진 사람이 많았습니다. 그래서 우리가 아는 예수님을 동명의 다른 사람들과 구분하기 위해 이름 앞에 출신지를 붙인 것이 '나사렛 예수'입니다.

나사렛 출신 목수 요셉의 아들 예수가 알고 보니 그리스도였습니다. 그리스도는 구약성경에도 나오는 말이며, 히브리어로 '메시아'라고 합니다. 그리스도, 메시아라는 말 자체의 뜻은 '기름 부음을 받은 자'입니다. 구약시대에는 누군가를 특별한 직분에 임명할 때 그에게 기름을 부었습니다. 대표적으로 왕, 선지자, 제사장을 임명할 때 기름을 부었습니다.

이스라엘 백성들에게는 메시아를 기다리는 사상이 있었습니다. 특히 나라가 멸망하고 오랫동안 다른 나라의 지배를 받으면서 이러한 열망은 더욱 강해졌습니다. 그들은 자신들을 오랜 압제에서 구원해줄 구원자를 기다렸습니다. 그들이 기다리던 메시아 또는 그리스도는 다름 아니라 예수님이었습니다. 예수 그리스도라는 호칭은 그런 열망에서 나온 일종의 신앙고백입니다. 나사렛 출신 목수 요셉의 아들 예수가 바로 메시아요 구원자라는 고백이지요.

　물론 예수님은 이스라엘 백성들이 기다리던 성격의 메시아는 아니었습니다. 그들은 자신들을 정치적 압제에서 구원해줄 메시아이자 왕을 기다렸습니다. 그러나 <u>예수님은 오랜 죄와 죽음의 압제에서 우리를 구원하기 위해 오신 메시아입니다.</u>

인자

　예수님의 호칭 중에 '인자'가 있습니다. 주로 예수님이 자기 자신을 가리킬 때 사용하십니다. 그 어떤 호칭보다 예수님이 스스로를 어떻게 생각하는지 잘 보여줍니다.

인자(人子)라는 한자어를 그대로 풀면 '사람의 아들'입니다. 그래서 이 이름이 예수님의 인성을 드러낸다고 말하기도 합니다. 그런데 영어성경에서 이 말은 'the Son of Man'으로 정관사가 붙습니다. 직역하면 '그 사람의 아들'인 셈이지요. '그'라는 정관사가 붙어 있다는 것은 그냥 사람에게서 태어난 아들을 말하는 게 아니라는 뜻입니다. 다른 사람들이 다 알고 있는 '사람의 아들'을 말합니다. 백성들이 이미 다 알고 있는 사람의 아들, 즉 그 인자가 예수님이라는 말입니다.

인자라는 말은 구약성경에서 그 배경을 찾아볼 수 있습니다. 다니엘 7장 13절에서 다니엘은 환상을 봅니다. 인자 같은 이가 하늘 구름을 타고 와 하나님으로부터 권세와 영광을 받는 광경이었습니다. 예수님은 자신이 <u>다니엘서에서 예언하고 있는 바로 그 인자, 그 사람의 아들</u>이라고 말씀하시는 것입니다. 하나님의 영광을 가지고 온 나라를 다스리는 메시아가 바로 자신임을 보여주십니다.

하나님의 아들

복음서에서 많은 사람들이 예수님을 하나님의 아들이라고 고백합니다. 예수님이 세례 받으실 때 하늘이 열리고 그곳에서 "이는 내가 사랑하는 아들이다"(마 3:17, 새번역)라는 소리가 들립니다. 예수님 자신도 하나님을 아버지라고 부르셨습니다.

   과거에 왕들은 스스로를 신의 아들이라고 불렀습니다. 이집트 왕 파라오는 자신이 태양신의 아들이라고 했습니다. 신이 아니라 신의 아들이라고 말한 것은 자신을 낮추는 겸손한 표현이 아닙니다. 신의 아들은 곧 신입니다. 그러므로 자기가 신이라고 말하고 있는 것입니다. <u>예수님이 하나님의 아들이라는 건, 곧 예수님이 하나님이심</u>을 보여줍니다.

주

복음서에는 예수님을 '주'(Lord)라고 부르는 장면이 많이 나옵니다. 이 호칭은 당시에 많이 쓰였습니다. 지위가 높은 사람을 가리

켰고, 특별히 로마 황제를 가리켜 주라고 불렀습니다.

그런데 예수님을 주라고 부른 데는 좀 다른 의미가 있습니다. 1교시에 하나님의 이름 중 '여호와'에 대해 살펴본 것을 기억하시나요? 이 이름은 하나님이 사람들에게 직접 가르쳐주신 특별한 이름입니다. 유대인들은 이 특별한 이름을 함부로 부르는 것을 금기시했습니다. 그래서 성경을 읽다가 '여호와'라는 이름이 나오면 그대로 읽는 대신 '아도나이'로 바꿔서 읽었습니다. 아도나이는 주라는 뜻입니다. 이 전통을 따라 여호와 하나님을 주 하나님이라고 번역하는 성경도 있습니다.

그러므로 단지 예수님이 특별히 높은 지위에 있어 그분을 주라고 부르는 게 아닙니다. 예수님을 주라고 부르는 건, 곧 예수님이 하나님이시라는 고백입니다.

한 걸음 더

오늘날에는 예수님의 이름을 부르며 신앙고백하는 데 아무런 지장이 없습니다. 그러나 처음 교회가 세워지고 복음이 전파된 때는 달랐습니다. 예수님의 이름을 부르기만 해도 갖은 핍박을 받았습니다. 심지어 죽임을 당했습니다. 로마에서는 성도들이 핍박을 피해 지하무덤 카타콤에 모여 예배를 드리기도 했습니다. 카타콤 유적지에서 물고기 그림이 종종 발견됩니다. 물고기는 초대 기독교의 상징이었습니다. 그런 의미에서 현대에도 물고기 그림 스티커를 차에 붙이고 다니는 사람들이 있지요. 물고기는 어떻게 기독교의 상징이 되었을까요? 베드로를 비롯해 많은 제자들이 어부였기 때문일까요?

물고기는 그리스어로 '익투스'라고 합니다. Ιησους Χριστος Θεου Υιος Σωτηρ(이에수스 크리스토스 테우 휘오스 소테르), 즉 '예수 그리스도 하나님의 아들 구원자'의 첫 글자를 모아 읽으면 익투스(ΙΧΘΥΣ)가 되지요. 당시 핍박받던 그리스도인들은 은밀하게 물고기 그림을 그리고, 익투스라고 읽으면서 예수님이 그리스도, 하나님의 아들, 구원자라는 사실을 고백했습니다.

참 하나님

예수님을 부르는 호칭을 통해 예수님이 여느 특별한 존재 정도가 아니라 바로 하나님이심을 살펴보았습니다. 예수님이 하나님이라는 사실을 신약성경 전체에서 강조하고 있습니다.

복음서에 예수님이 행하신 많은 기적들이 나옵니다. 예수님은 성난 바람과 바다를 잔잔케 하셨습니다. 자연을 다스리셨습니다. 죽은 나사로를 살리셨습니다. 죽음을 생명으로 바꾸셨습니다. <u>자연을 다스리고 생명을 가져오는 것은 세상의 창조주 하나님이 아니면 할 수 없는 일들입니다.</u>

예수님의 제자들도 예수님이 하나님이심을 고백했습니다. 요한복음 1장 1절에서 사도 요한이 뭐라고 말하는지 보십시오.

태초에 말씀이 계시니라. 이 말씀이 하나님과 함께 계셨으니 이 말씀은 곧 하나님이시니라.

태초에 계신 말씀이란 예수님을 뜻합니다. 예수님이 하나님이심을 분명히 밝히고 있습니다.

사도 바울도 빌립보서에서 예수님이 근본 하나님의 본체시나 하나님과 동등함을 당연하게 생각지 않으셨다고 말합니다(빌 2:6). 무엇보다 예수님이 직접 "나를 본 자는 아버지를 보았다"(요 14:9)고 말씀하셨습니다. 예수님은 하나님이십니다.

참 사랑

그런데 성경은 하나님이신 예수님이 참 사람으로 이 땅에 오셨다고 말합니다. 예수님은 참 하나님인 동시에 참 사람이십니다. 신성과 인성을 모두 지니고 있다 해서 예수님의 양성(兩性) 교리라고 하지요.

복음서에는 예수님의 인간적인 면모가 많이 나옵니다. 무엇보다 예수님은 사람과 똑같은 출생 과정을 겪으셨습니다. 우리나라 탄생설화에 나오는 것처럼 알에서 태어난다든지 하는, 보통 사람과 다른 출생을 하지 않았습니다. 어머니 마리아의 뱃속에 잉태되어 태어났습니다. 성장 과정도 여느 사람들과 다르지 않습니다. 갑자기 어른이 되거나 하지 않았습니다. 누가복음 2

장에는 예수님이 열두 살 때 부모님과 함께 예루살렘에 올라갔던 일이 나옵니다. 예수님의 지혜와 키가 성장했다는 기록도 나옵니다(눅 2:52).

예수님은 우리와 똑같은 사람으로 세상에 오셨기에 육체의 연약함도 그대로 가지고 있었습니다. 40일 금식 후에는 몹시 주리셨습니다. 많은 사역을 하느라 피곤한 나머지 광풍으로 흔들리는 배에서도 깊이 잠드셨습니다. 친구 나사로의 죽음 앞에서 눈물을 흘리셨습니다. 자신 또한 십자가에 못박혀 죽으셨습니다. 예수님은 출생에서 죽음까지 우리와 똑같은 사람이었습니다.

다만 한 가지 다른 점이 있었습니다. 히브리서 4장 15절을 보십시오.

> 우리에게 있는 대제사장은 우리의 연약함을 동정하지 못하실 이가 아니요 모든 일에 우리와 똑같이 시험을 받으신 이로되 죄는 없으시니라.

예수님은 우리 사람의 연약함을 아십니다. 사람의 몸으로 우리와 똑같은 시험을 받으셨기 때문입니다. 다만 우리와 다른 점은 죄가 없다는 것입니다. 우리와 똑같은 사람인 예수님에게 죄가 없다는 사실은 매우 중요합니다.

예수님이 참 하나님인 동시에 참 사람이라는 교리는 이해하기가 참 어렵습니다. 한 인격 안에 어떻게 인성과 신성이 동시에 존재할 수 있을까요? 이것은 신비에 속한 일입니다. 잘 이해되지 않더라도 양성 교리가 중요한 이유가 있습니다. 우리의 구원과 관련 있기 때문입니다.

인간은 하나님께 죄를 지어 영원한 심판을 받게 되었습니다. 구약시대에는 죄 문제를 해결하기 위해 제사라는 방법을 사용했습니다. 짐승을 잡아 바치는 제사는 불완전하고 일시적 효과만 있을 뿐입니다. 사람의 죄 문제는 결국 사람이 책임져야 합니다.

그래서 예수님이 사람으로 이 땅에 오셨습니다. 다만 죄 있는 사람이 다른 사람의 죄를 대신 질 수 없기에 죄 없는 사람으로 오셨습니다. 그리고 십자가에서 피 흘려 죽으심으로 모든 사람의 죄를 덮으셨습니다. 예수님이 구원자가 되기 위해선 반드시 참 사람이어야 하는 이유가 여기에 있습니다.

한편, 사람으로선 온 세상을 향한 하나님의 무서운 심판을 감당해낼 수가 없습니다. 그러므로 온 인류의 죄를 대신 담당할 구세주는 신성을 가진 분이어야 합니다. 이것이 우리를 구원하기 위해 하나님이 직접 이 땅에 오신 이유입니다. 예수님은 참 사람으로 이 땅에 오신 참 하나님입니다.

예수님의 삼중 직분

앞에서 '그리스도'라는 호칭에 대해 살펴보았습니다. 말씀드렸듯이 그리스도는 '기름 부음을 받은 자'라는 뜻이고, 히브리어로는 메시아라고 하지요. 구약시대에 기름을 부어 임명한 특별한 직분이 세 가지 있었습니다. 선지자, 제사장, 왕입니다. 예수님은 메시아로서 세 가지 직분을 모두 감당하셨습니다. 이것을 예수님의 삼중 직분이라고 합니다.

먼저, 선지자 예수님은 어떤 일을 하셨을까요? 선지자 또는 예언자라고 하면 미래를 점치는 사람을 떠올리기 쉽습니다. 물론 구약시대에 선지자의 주요 활동 중 하나가 예언이었지요. 여기에서 예언이란 신통력을 발휘하여 미래를 점치는 게 아니라, 하나님이 보여주신 미래를 백성들에게 전달하는 것을 말합니다. 선지자는 하나님의 말씀을 백성들에게 전하고 가르치는 사람이었습니다.

예수님도 이 땅에서 선지자 일을 하셨습니다. 예수님의 사역 중 많은 부분이 사람들을 가르치는 일이었습니다. 다만 구약시대의 선지자와 다른 점이 있습니다. 그들은 많은 부분에서 예수님을 예언한 반면, 예수님은 그들의 예언 대상이자 성취였다는 점입니다. 또한 그들은 하나님의 말씀을 받아 전했지만, <u>예수님은 그 자신이 하나님이요 계시의 근원이었습니다.</u>

예수님은 이 땅에서 제사장 일도 하셨습니다. 우리의 죄 문제를 해결해주셨지요. 구약시대에 제사장들은 백성들을 대표하여 하나님께 나아가 제사를 드렸습니다. 제사를 통해 백성들의 죄를 속죄했습니다.

그런데 이들과 예수님의 제사장직 수행에는 근본적인 차이가 있습니다. 이들은 짐승을 제물로 드린 반면, 예수님은 자신이 직접 제물이 되어 제사를 드렸습니다. 짐승을 제물로 드리는 제사는 불완전하고 일시적 효과밖에 없습니다. 그래서 제사를 반복적으로 드려야 했지요. 반면, <u>예수님은 자신이 제물이 되어 십자가에 못박혀 죽으심으로 단번에 영원한 속죄를 이루셨습니다.</u>

예수님의 제사장직 수행은 십자가에서 끝나지 않습니다. 예수님은 지금도 하나님의 보좌 우편에서 우리를 위해 간구하고 계십니다.

예수님은 이 땅에 왕으로도 오셨습니다. 왕은 백성을 다스리는 사람입니다. 구약시대에도 기름 부음을 받아 백성을 다스리는 왕이 있었지요. 그런데 인간 왕과 예수님의 왕 되심에는 근본적인 차이가 있습니다. 이 땅의 왕은 위임받은 권세입니다. 과거의 왕들은 다스리는 권세를 신에게서 위임받았다고 주장했지요. 오늘날 대통령은 다스리는 권세를 국민에게서 위임받습니다.

반면, 예수님의 권세는 다른 누구에게서 위임받은 것이 아닙니다. <u>이 땅을 창조하신 예수님은 창조주로서 이 땅을 다스리는 권리를 본래부터 갖고 계십니다.</u>

예수님의 낮아짐

예수님의 일생은 여러 가지 방법으로 정리해볼 수 있습니다. 특별히 교리에서는 예수님이 처하셨던 지위를 가지고 그분의 일생을 이야기합니다. 그 내용은 우리가 매주 예배를 시작하며 신앙고백으로 사용하는 사도신경에 잘 나와 있습니다.

그는 성령으로 잉태되어 동정녀 마리아에게서 나시고,
본디오 빌라도에게 고난을 받아 십자가에 못 박혀 죽으시고,
장사된 지 사흘 만에 죽은 자 가운데서 다시 살아나셨으며,
하늘에 오르시어 전능하신 아버지 하나님 우편에 앉아 계시다가,
거기로부터 살아 있는 자와 죽은 자를 심판하러 오십니다.

사도신경을 정리하면 이런 표가 됩니다.

성령 잉태   재림

    동정녀 탄생   보좌 우편

       고난   승천

         십자가   부활

           장사

모양이 마치 V자 같습니다. V의 왼쪽은 예수님의 지위가 점점 낮아지고 있음을 보여줍니다. 이것을 예수님의 낮아짐이라고 합니다. V의 오른쪽은 예수님의 지위가 점점 높아지고 있음을 보여줍니다. 이것을 예수님의 높아짐이라고 합니다. 먼저 예수님의 낮아짐에 대해 살펴보겠습니다.

예수님은 하나님이십니다. 이 땅을 창조한 창조주로서 피조물과 구별된 거룩한 분이시지요. 그런 예수님이 여자의 몸에 잉태되어 우리와 똑같은 사람으로 이 땅에 오셨습니다. 이때 예수님이 성령으로 잉태되어 남자를 모르는 동정녀에게서 태어나십니다. 원죄를 갖지 않고 태어나기 위해서입니다. 아담 이후로 여자의 몸에서 난 모든 사람은 죄를 갖고 태어나기 때문입니다. 예수님은 스스로 지은 죄가 없을 뿐 아니라 인간이라면 태어날 때부터 갖고 있는 원죄도 없는 분이십니다.

완전한 사람으로 이 땅에 오신 예수님은 고난을 받으셨습니다. 체포당하고 재판 받고 십자가에 달린 것만 고난이 아닙니다. 무한한 하나님이 유한한 사람의 몸으로 이 땅에 오셨습니다. 창조주 하나님이 피조물이 되어 오셨습니다. 율법을 만드신 분이 율법에 복종해야 하는 존재로 오셨습니다. 이렇듯 성육신하여 이 땅에 오신 것부터 고난의 시작입니다. 이 땅에서 사신 삶 전체가 고난이었습니다.

그렇게 고난받은 예수님이 십자가에서 죽으셨습니다. 십자가의 고통은 단순히 육체적 고통만 의미하지 않습니다. 구약성경은 나무에 달린 자마다 하나님의 저주를 받았다고 말합니다(신 21:23). 하나님의 아들이 아버지의 저주를 받은 것입니다. 하나님의 사랑하는 외아들이 아버지께 버림을 받았습니다. 이유는 하나입니다. 그 모든 저주와 고통은 본래 죄를 지은 우리 인간이 받아야 하는 형벌이었습니다.

<u>예수님은 우리를 대신해 십자가에서 죽으시고 가장 낮은 무덤의 자리까지 내려가셨습니다.</u>

한 걸음 더

예수님이 이 땅에 오신 사건을 '성육신'이라고 합니다. 그런데 성육신의 '성' 자를 거룩할 성(聖)으로 잘못 아는 분들이 꽤 있습니다. 교회에서 자주 사용하는 단어 중에 앞에 '성' 자가 들어간 것이 많긴 합니다. 성전, 성도, 성경 등. 각각 거룩한 전, 거룩한 사람들, 거룩한 책이라는 의미지요. 그러다 보니 성육신에 쓰인 성 자도 거룩하다는 의미로 오해할 만도 합니다. 예수님의 육체이니 거룩한 육체가 맞다고 보는 것이지요. 그러나 성육신은 '육신이 되다'라는 뜻으로, 여기에는 이룰 성(成) 자가 쓰였습니다. 예수님이 우리와 똑같은 육체를 지닌 사람이 되셨다는 말입니다.

그런 점에서 주의해야 할 찬송가 가사가 있습니다. 찬송가 122장 〈참 반가운 성도여〉 4절에 나오는 "여호와의 말씀이 육신을 입어"라는 가사가 그렇습니다. '육신을 입는다'는 표현을 자칫 예수님이 진짜 사람이 아닌데 사람의 옷을 입고 사람 흉내를 낸다는 의미로 오해할 수 있습니다. 물론 작사가는 그런 의미로 쓰지 않았을 테지만요. 그렇더라도 신학적으로 올바르게 "여호와의 말씀이 육신이 되어"라고 바꿔 부르는 것이 좋겠습니다.

예수님의 높아짐

예수님의 구원 사역은 십자가의 죽음으로 끝나지 않습니다. 예수님은 십자가의 죽음을 통해 인간의 죄 문제를 해결하셨지요. 나아가 죽었다가 3일 만에 부활하심으로 죽음의 문제도 완전히 해결하셨습니다. 예수님의 부활은 우리에게 큰 소망이 됩니다. 죽은 사람들 중에서 살아난 첫 열매가 되셨으니까요. 예수님을 믿는 우리도 장차 예수님처럼 육체적으로 부활할 것입니다.

예수님은 부활하시고 40일 동안 이 땅에 머물다가 승천하셨습니다. 승천하셨다는 것은 단순히 거하는 장소가 이 땅에서 하늘로 바뀌었다는 뜻이 아닙니다. 이 땅에 오셔서 낮아지셨던 예수님의 지위가 이제 마땅히 받아야 하는 영광을 얻고 존귀한 상태가 되었다는 뜻입니다.

현재 예수님은 하나님의 보좌 우편에 앉아 계십니다. 이는 하늘에 하나님이 앉는 의자 또는 예수님이 앉는 의자가 있다는 말이 아닙니다. '의자에 앉는다'라는 행위가 지닌 상징이 있습니다. 옛적에 왕이 다스리는 나라에서 왕과 신하들이 모여 회의를 할 때, 왕은 앉아 있고 신하들은 서 있었습니다. 의자에 앉아 있는 사람이 가장 지체가 높고 통치하는 자입니다.

예수님이 하나님의 보좌 우편에 앉아 계신다는 것은 하늘에서 이 땅을 통치하신다는 뜻입니다. 보좌의 우편은 특별한 자리입니다. 왕 다음으로 존귀한 사람이 있는 곳이지요. 승천한 예수님은 가장 존귀한 자로서 하나님과 함께 이 땅을 통치하십니다.

예수님의 높아짐에서 마지막 단계는 재림입니다. 예수님이 낮아져 이 땅에 오실 때는 이 세상을 구원하는 구원주로 오셨습니다. 그러나 장차 재림하시는 예수님은 다릅니다. 그때 예수님은 이 세상을 심판하는 심판주로 오십니다. 예수님의 마지막 심판에 대해선 종말론에서 좀 더 자세히 이야기하겠습니다.

예수 그리스도는 하나님의 아들로 성육신하여 이 땅에서 고난받고 십자가에 죽으심으로 인간을 구속하셨습니다. 장사한 지 3일 만에 부활하고 승천하셨으며, 심판주로 다시 세상에 오십니다.

3교시

5강. 구원이 뭐예요?

6강. 교회는 어떤 곳이에요?

7강. 세상 마지막 날엔 무슨 일이 일어나요?

5강
구원이 뭐예요?

인간은 죄를 짓고 영원한 하나님의 심판을 받게 되었습니다. 하나님은 이렇게 된 인간을 그냥 내버려두지 않으셨습니다. 인간을 위해 구원의 길을 준비하셨지요. 하나뿐인 아들 예수님을 이 땅에 보내셨습니다. 우리 죄에 대한 형벌을 예수님이 대신 받고 십자가에서 죽으심으로 우리는 구원을 받을 수 있게 되었습니다.

그렇다면 예수님이 이루어놓은 구원의 길에 어떻게 해야 동참할 수 있을까요? 이 문제를 구원론에서 배웁니다.

삼위일체 하나님

구원에 관한 이야기를 하겠다면서 삼위일체 하나님으로 시작하니 다소 뜻밖인가요? 삼위일체 교리는 보통 신론(하나님은 누구인가?)에서 많이 다루니까요. 그럼에도 여기에서 삼위일체 교리를 꺼내든 것은 성령 하나님이 구원 사역에 깊이 관여하시기 때문입니다.

우리는 앞에서 하나님이 누구인지, 성자 예수님이 누구인지 배웠습니다. 인간의 구원에 관계하는 성령님도 하나님이십니다. 성령을 단순히 영적 힘이나 능력을 주는, 일종의 천사 같은 존재로 여기진 않으시나요? 아니요, 성령도 성부, 성자와 똑같은 하나님이십니다.

우리 기독교인은 성부 하나님, 성자 하나님, 성령 하나님을 믿습니다. 그렇다고 세 분이신 하나님을 믿는다는 말이 아닙니다. 우리는 하나이신 하나님을 믿습니다. 이것이 삼위일체(三位一體) 교리입니다. 삼위는 각각 성부, 성자, 성령을 말합니다. 하나님이 세 위격으로 존재하십니다. 그 영광과 권세는 동등합니다. 성부 밑에 성자, 성자 밑에 성령 식으로 서열이 있지 않습니다. '일체'란

세 하나님이 동일한 본질을 가지고 있다는 말입니다. 삼위로 존재하지만 본질적으로 하나입니다.

삼위일체를 이해하기란 쉽지 않습니다. 사람이 경험할 수 있는 영역을 넘어서기 때문입니다. 딱 들어맞진 않지만 이렇게 설명해 볼 수 있을 것 같습니다. 여기 종이가 한 장 있습니다. 종이는 앞면과 뒷면으로 구분되어 있습니다. 하지만 앞면과 뒷면이 따로 나뉘어 있지는 않지요. 삼위일체 하나님도 성부, 성자, 성령이라는 관계로 구분되지만 나뉘어 있지는 않습니다.

삼위일체를 설명하는 잘못된 비유들이 있습니다. 대표적으로 아버지의 예가 그렇습니다. 아버지가 집에선 가장이고, 회사에선 부장이고, 교회에선 집사인 것을 삼위일체에 빗대는 것입니다. 그러나 아버지는 한 인격인데 때와 장소에 따라 신분과 역할이 달라지는 것이므로 삼위일체 비유로 쓰기에 적절치 않습니다. 삼위일체 하나님은 성부, 성자, 성령으로 구분된 삼위로 존재하시거든요.

사과 비유도 흔히 쓰이는 잘못된 예입니다. 껍질, 과육, 씨가 모여 하나의 사과가 형성되는 것을 삼위일체에 빗대지만 이것 역시 적절치 않습니다. 껍질이나 과육, 씨는 사과를 이루는 요소지 각각이 하나의 완전한 사과는 아니기 때문입니다. 반면, 삼위 하나님은 각각이 완전한 하나님이십니다.

삼위일체 하나님의 구원 사역

삼위일체 하나님은 하시는 사역으로도 구분됩니다. 특별히 인간을 구원하는 일에서 각각의 역할을 하십니다. 삼위일체 하나님의 구별된 구원 사역은 에베소서 1장 4-14절에 잘 나와 있습니다. 먼저 4절을 보겠습니다.

곧 창세 전에 그리스도 안에서 우리를 택하사 우리로 사랑 안에서 그 앞에 거룩하고 흠이 없게 하시려고.

먼저, 성부 하나님은 창세 전에 그리스도 안에서 우리를 택하셨습니다. 우리의 구원을 계획하셨습니다. 창세 전에 선택하셨다는 말을 이해하기가 쉽지 않습니다. 창세 전이라면 세상도, 인간도 창조되기 전이 아닌가요? 이때 이미 구원할 사람을 선택하셨다는 말씀입니다. 이러한 예정론은 오랜 논쟁의 대상이었습니다. 오늘날 세상의 일들도 다 이해하지 못하는 인간인데 하물며 창세 전의 일을 어떻게 온전히 이해할 수 있을까요? 논쟁이 벌어질 만도 합니다.

다만 이 구절을 통해 분명히 알 수 있는 사실이 있습니다. 하나님이 구원받을 자를 선택하신 것이 창세 전, 즉 인간이 창조되기 전이라고 했지요? 그렇다면 인간이 이 땅에서 하는 어떤 행위도 하나님의 구원 계획에 영향을 미칠 수 없는 게 맞습니다. 우리가 행위로 구원받는 게 아니라는 사실이 분명해집니다.

다음으로, 성자 예수님의 구원 사역은 7절에 나옵니다.

우리는 그리스도 안에서 그의 은혜의 풍성함을 따라 그의 피로 말미암아 속량 곧 죄 사함을 받았느니라.

예수님의 구원 사역에 대해선 2교시에 이미 자세히 살펴보았습니다. 예수님이 십자가에서 우리 죄를 대신 지고 죽으심으로 우리는 속량, 즉 죄 사함을 받았습니다. 성부 하나님이 창세 전에 세우신 구원 계획을 성자 예수님이 이 땅에서 실행하셨습니다.

마지막으로, 성령 하나님의 구원 사역은 13절에 나옵니다.

그 안에서 너희도 진리의 말씀 곧 너희의 구원의 복음을 듣고 그 안에서 또한 믿어 약속의 성령으로 인치심을 받았으니.

'인을 친다'는 것은 도장을 찍는다는 말입니다. 우리가 구원받은 사실을 성령님이 확인해주십니다. 고린도전서 12장 3절은, 성령을 힘입지 않고선 아무도 예수님을 주님이라 말할 수 없다고 밝힙니다. 성령 하나님은 성부 하나님이 계획하시고, <u>**성자 예수님이 이 땅에서 실행하신 구원을 오늘날 우리에게 적용하십니다.**</u>

구원의 순서

성령님이 구원을 적용하실 때 우리에게 어떤 일이 일어날까요? 교리에서는 이것을 '구원의 순서'라는 이름으로 설명합니다. 성령님이 우리에게 구원을 적용하실 때 순차적으로 일어나는 일이 있습니다. 그 순서는 시간의 흐름이 아니라 논리를 따릅니다. 소

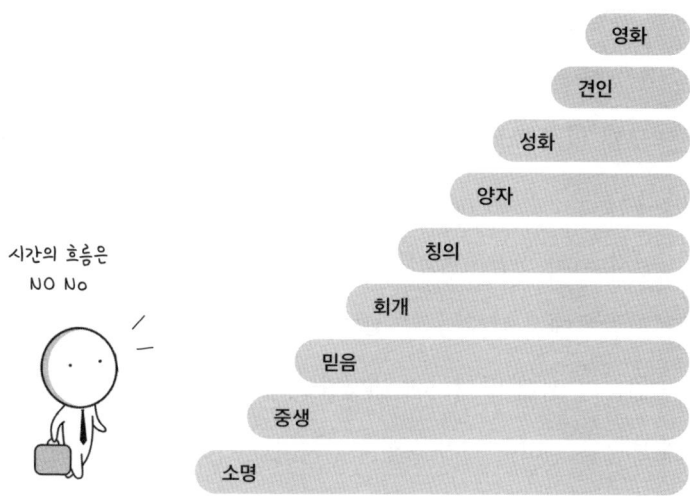

소명, 중생, 믿음, 회개, 칭의, 양자, 성화, 성도의 견인, 영화로 이루어져 있지요.

이 순서는 절대적이지 않습니다. 더 단순화해야 한다고 주장하는 사람도 있고, 조금 다른 순서를 주장하는 사람도 있습니다. 칭의와 성화는 다르지 않다고 강력하게 주장하는 사람도 있습니다.

소명

소명은 하나님이 사람들을 구원으로 초청하시는 것입니다. 소명은 크게 외적 소명과 내적 소명으로 나뉩니다. 부르심의 형식에 따라 나눈 것은 아닙니다. 부르심의 결과로 구별됩니다.

먼저, 외적 소명은 보편적 소명이라 부르기도 합니다. 일반적으로 사람들에게 예수님을 믿으라고 복음을 전하는 것입니다. 복음 전도와 선교가 여기에 해당합니다. 하나님은 외적 소명을 통해 복음을 전하고 사람들을 구원하기로 정하셨습니다. 모든 사람들이 복음 전도에 응답해 구원받는 건 아닙니다. 하지만 외적 소명은 복음을 듣고도 회개하지 않은 사람들이 나중에 핑계 대거나 변명할 수 없는 이유가 됩니다.

한편, 내적 소명은 유효적 소명이라고도 합니다. 외적 소명을 통해 복음을 들은 사람들 중에서 <u>하나님이 성령을 통해 구원에 이르도록 믿음으로 부르시는 것을 말합니다</u>. 이때 하나님이 택하신 사람은 반드시 이 부름에 응답하게 됩니다.

중생

중생은 다른 말로 거듭남이라고 합니다. <u>죄로 인해 죽은 자들이</u>

영적 생명을 받는 것입니다. 중생은 점진적으로 이루어지지 않습니다. 출생의 순간을 생각해보십시오. 아이가 엄마 뱃속에서 태어나듯 중생도 어느 순간에 즉시 이루어집니다.

중생이 출생과 비슷한 면은 또 있습니다. 자신이 태어난 날과 시간을 어떻게 알게 되었나요? 태어날 때 의식적으로 달력과 시계를 확인해서 아는 사람은 없습니다. 나중에 다른 사람에게 들어서 알게 되지요. 중생의 경우도 중생한 순간을 당시에는 알지 못합니다. 나중에 자신이 중생했음을 깨닫습니다.

믿음

믿음과 회개를 묶어 회심이라 부르기도 합니다. 간단히 말해, 회개는 죄의 길에서 돌이키는 것이고, 믿음은 하나님을 향해 가는 것입니다. 참된 회심은 믿음과 회개를 동반합니다.

구원에 이르는 믿음은 지적 동의가 아닙니다. 교회에 다니지 않는 사람들도 예수님이 역사적으로 실존 인물이었음을 믿습니다. 이스라엘 베들레헴에서 태어났고, 기존의 유대교와 다른 새로운 종교를 만들고 전하다가 십자가형을 당해 죽었다고 알고 있습니다. 귀신들조차 예수님을 압니다. 예수님이 하나님의 아들인 것을 알고 믿습니다. 하지만 이런 지식에 대한 믿음이 구원을 가져다주지 않습니다. <u>구원을 얻으려면 예수님을 알 뿐 아니라 그분에게 의지해야 합니다.</u>

회개

회개는 죄에서 돌이키는 것입니다. 먼저, 죄가 나쁘다는 것을 알고 자신의 죄를 깨닫습니다. 그런 다음 죄에 대해 애통한 마음을 가지고 죄에서 돌이킵니다. 그리고 예수님께 순종하며 살기 위해 의지적으로 노력합니다. 그것이 회개입니다.

 회개와 후회를 구분해야 합니다. 예수님의 제자 가룟 유다는 예수님을 은 삼십에 팔았습니다. 그 후 예수님에게 유죄 판결이 난 것을 보고 자신이 잘못했다는 걸 깨닫습니다. 결국에는 받았던 은 삼십을 돌려주고 자살하고 맙니다. 이런 유다의 행동은 회개가 아닙니다. 그저 지난 과오를 후회하는 것이지요. 사람이 후회하는 데서 끝나지 않고 회개하려면 <u>단순히 자기 잘못을 슬퍼하는 데서 더 나아가야 합니다. 다시 하나님의 뜻대로 살고자 노력해야 합니다.</u>

한 걸음 더

구원의 순서를 보면 이상한 점이 있습니다. 보통 예수님을 믿어야 구원 받는다고 말하지요. '예수님 믿고 새 새명을 얻었다, 거듭났다'고 표현 하잖습니까? 그런데 믿음이 가장 앞에 있지 않고, 중생 다음에 나옵 니다. 이 순서에 따르면 '구원받고 예수님 믿는다'가 됩니다. 좀 이상하 지 않나요?

이렇게 헷갈리는 이유는 구원의 의미를 정확히 알지 못하기 때문입니다. 구원이란 단순히 문제와 어려움에서 벗어나는 것이 아닙니다. 중생은 새 로운 생명을 얻는 것이라고 했는데, 여기에는 전제가 있습니다. 중생하기 전, 즉 구원받기 전에 우리가 죽은 상태였다는 것이지요. "그는 허물과 죄로 죽었던 너희를 살리셨도다"(엡 2:1).

구원받기 전 우리의 상태를 허물과 죄로 '죽었던' 너희라고 말합니다. 죽을 뻔한 것도, 죽음 직전까지 간 것도 아닙니다. 이미 죽어 있었습니 다. 죽은 사람은 믿을 수 없습니다. 회개할 수도 없습니다. 일단 살아 있 어야 믿든지, 회개하든지 할 테니까요. 그래서 중생이 믿음과 회개 앞 에 나옵니다.

이런 순서만 보아도 구원이 전적으로 하나님의 은혜로 이루어진다는 것

> 을 알 수 있습니다. 사람의 어떤 행위도 구원받는 데 전혀 도움이 되지 않습니다. 죽은 사람은 아무 일도 할 수 없습니다. 구원은 죽어 있는 우리를 살리시는 하나님의 은혜로 시작됩니다. 그 은혜를 입어 구원받았음을 깨닫는 것이 믿음입니다. "너희는 그 은혜에 의하여 믿음으로 말미암아 구원을 받았으니"(엡 2:8).

칭의

칭의는 예수님의 속죄 사역에 근거해 하나님이 우리 죄를 용서하시고 우리를 의롭다고 선언하시는 것입니다. 칭의는 법적 용어입니다. 죄인이었던 자가 죄인의 신분을 벗고 의인의 신분이 되는 것을 말합니다. 이때 우리에게 위대한 교환이 일어납니다. 우리가 져야 할 죄에 대한 책임과 형벌이 예수님에게 넘어갑니다. 죄 용서입니다. 동시에 <u>예수님의 의가 우리에게 넘어옵니다. 그래서 하나님이 우리를 의롭다고 간주하시는 것입니다.</u>

  칭의는 일생에 단 한 번 일어나는 사건입니다. 의롭게 된 사람도 죄를 지을 수 있습니다. 악한 본성이 의로워져 우리가 의인이 된 것이 아니기 때문입니다. 본성은 여전히 악하지만 전적으로 하나님의 은혜를 입어 우리는 죄인에서 의인으로 신분이 바뀌었습니다. 이후에 죄를 짓는다고 해도 이 신분이 바뀌진 않습니다. 그러나 우리는 여전히 우리 안에 남아 있는 죄를 회개하면서 의로운 신분에 맞게 살기 위해 노력해야 합니다.

양자

하나님이 우리를 자녀로 삼아 하나님 가족의 일원으로 만드셨습니다. 본래 참된 하나님의 아들은 독생자이신 예수님 한 분뿐입니다. 인간은 태어날 때부터 사탄에게 종노릇하는 진노의 자녀였지요. 하지만 예수님을 믿음으로 예수님께 접붙임을 받아 하나님의 자녀, 즉 양자가 되었습니다.

하나님의 자녀가 되었기에 자녀로서 권리도 갖습니다. 무엇보다 하나님을 아버지라 부르며 기도할 수 있습니다. 하나님의 유업도 받을 수 있습니다. 하지만 반드시 기억해야 합니다. 하나님의 자녀답게 그분의 말씀을 따라 살아야 한다는 것을….

성화

칭의를 통해 죄에 대한 책임과 형벌이 제거되었지만, 우리 안에는 여전히 죄의 본성이 남아 있습니다. 그렇더라도 점점 더 죄에서 멀어지고, 우리 삶 가운데서 거룩하게 예수님을 닮아가는 것이 성화입니다.

칭의와 성화는 몇 가지 차이가 있습니다. 칭의는 법적인 일이고, 성화는 내적인 상태입니다. 칭의는 단회적인 반면, 성화는 지속적입니다. 칭의는 전적으로 하나님의 일이지만, 성화는 우리 인간도 협력해야 합니다. 칭의는 이 세상에서 완전히 성취됩니다. 반면, 성화는 예수님이 재림하실 때 완성됩니다. 칭의는 모든 성도에게 동일하게 적용되지만, 성화는 성도에 따라 정도의 차이가 있습니다.

성화는 개인이 변화되는 것입니다. 하지만 성화를 이루려면 교회 공동체가 꼭 필요합니다. 공동체 안에서 서로 협력하고 돌아봐야 성화를 이루어 갈 수 있습니다. 또한 성화를 이루는 데 말씀이 꼭 필요합니다. 우리는 오직 하나님이 주신 진리의 말씀을 통해 거룩해질 수 있습니다.

성도의 견인

성도의 견인이란 하나님이 한번 구원해주시면, 그 구원이 유효하도록 사랑과 은혜로 우리를 붙들어주신다는 말입니다. 여기에서 '견인'은 참고 견디는 것이 아니라 이끌어 간다는 의미입니다. 성도가 스스로 참고 견디는 것이 아니라 성령님이 우리 안에 내주하며 이끌어 가십니다.

우리는 예수님을 믿는다면서도 여전히 잘못하고 넘어집니다. 우리 힘으로는 끝까지 구원을 이룰 수 없습니다. 그러나 <u>구원은 성령님이 시작하셨고 계속해서 이끌며 완성시키는 사역입니다.</u> 따라서 성도의 견인 교리는 우리가 구원을 확신할 수 있는 근거가 됩니다.

영화

영화는 소명으로 시작된 구원의 마지막 단계이자 완성입니다. 영화는 <u>예수님이 재림하실 때 이루어집니다.</u> 그때 그동안 죽었던 모든 성도들이 육체적으로 부활합니다. 부활한 몸과 영혼이 다시 결합한 성도들과, 예수님이 재림하실 때 살아서 그분을 맞이한 성도들이 변화되어 영화로운 상태가 됩니다.

한 걸음 더

구원은 전적으로 하나님의 은혜이며, 우리의 행위는 조금도 구원에 기여하지 못합니다. 그런데 예수님의 이 말씀을 한번 볼까요? 마태복음 7장 21절입니다. "나더러 주여 주여 하는 자마다 다 천국에 들어갈 것이 아니요 다만 하늘에 계신 내 아버지의 뜻대로 행하는 자라야 들어가리라."

산상설교 결론부의 말씀입니다. 예수님은 지금 천국에 들어가는 자격, 즉 구원받는 자격에 대해 말씀하십니다. "내 아버지의 뜻대로 행하는 자라야…" 마치 행위가 기준인 것처럼 보입니다. 앞에서 살펴보았던, 오직 은혜와 믿음으로 구원받는다는 바울의 말과 충돌하는 것 같기도 합니다. 이럴 땐 누구의 편을 들어야 할까요?

실제로 예수님과 바울의 의견은 충돌하지 않습니다. 앞서 구원의 순서를 배웠습니다만, 구원은 단지 죄 사함을 받아 죽음에서 살아나는 것 이상의 일입니다. 구원은 중생에서 끝나지 않습니다. 죽었다가 살아나는 것으로 끝나지도 않습니다. 중생은 구원의 시작일 뿐이고, 구원은 삶의 모든 영역을 아우릅니다. 삶이 따르지 않는 구원은 없습니다. 예수님은 이런 진리를 나무와 열매에 빗대십니다. 마태복음 7장 16-20절을 보십시오.

¹⁶ 그들의 열매로 그들을 알지니 가시나무에서 포도를, 또는 엉겅퀴에서 무화과를 따겠느냐. ¹⁷ 이와 같이 좋은 나무마다 아름다운 열매를 맺고 못된 나무가 나쁜 열매를 맺나니 ¹⁸ 좋은 나무가 나쁜 열매를 맺을 수 없고 못된 나무가 아름다운 열매를 맺을 수 없느니라. ¹⁹ 아름다운 열매를 맺지 아니하는 나무마다 찍혀 불에 던져지느니라. ²⁰ 이러므로 그들의 열매로 그들을 알리라.

사과나무에서 사과가, 배나무에서 배가 열립니다. 나무는 그 열매로 알 수 있습니다. 구원받은 사람은 구원받은 삶의 열매를 맺습니다. 예수님을 믿은 지 10년, 20년이 지나도 삶에 아무런 신앙의 열매를 맺지 못하는 사람도 있습니다. 그가 구원받았다는 건 무엇으로 알 수 있을까요?

구원받은 사람이라면 구원받은 사람답게 살아야 합니다. 사과나무가 사과를 맺듯이 구원받은 사람이 신앙의 열매를 맺는 게 당연합니다. 분명히 말하지만, 우리는 행위로 구원받지 않습니다. 그러나 결과적으로는 주님의 뜻대로 행한 자가 천국에 들어갑니다. 즉 구원받습니다. 구원받은 사람은 하나님의 뜻대로 행하기 때문입니다. 행위는 조건이 아니라 결과이며 열매로 나타납니다.

구원은 죄로 인해 고통받고 죽게 된 인간을 구해내는 일이며, 오직 은혜로 성부가 계획하고 성자가 실행하며 성령이 적용하십니다. 그 여정은 소명, 중생, 믿음, 회개, 칭의, 양자, 성화, 성도의 견인, 영화로 이어집니다.

6강
교회는 어떤 곳이에요?

교회로 말하자면

'교회' 하면 보통은 예배드리는 건물을 생각합니다. 하지만 그 건물은 교회가 아니라 교회당 또는 예배당입니다. 교회가 건물이 아니라면 무엇일까요? 고린도전서 1장 2절을 보겠습니다.

> 고린도에 있는 하나님의 교회 곧 그리스도 예수 안에서 거룩하여 지고 성도라 부르심을 받은 자들과 또 각처에서 우리의 주 곧 그들과 우리의 주 되신 예수 그리스도의 이름을 부르는 모든 자들에게.

고린도전서는 사도 바울이 고린도 교회에 쓴 편지입니다. 1장

2절에서 "고린도에 있는 하나님의 교회"라고 수신자를 밝히고 있지요. 그런 다음 바로 '하나님의 교회'가 무엇인지 설명합니다. 고린도에 있는 하나님의 교회는 고린도시 ○○구 ○○동에 있는 건물이 아닙니다. 그럼 뭐라고 설명하나요?

첫째, 그리스도 예수 안에서 거룩해지고 성도라 부르심을 받은 자들이라고 말합니다. 둘째, 각처에서 우리의 주, 곧 그들과 우리의 주 되신 예수 그리스도의 이름을 부르는 모든 자들이라고 말합니다. 즉 교회는 어느 특정한 장소에 있는 건물이 아니라 예수님의 이름을 부르고 성도로 부르심을 받은 사람들을 말합니다.

성도가 교회인 이유

성도가 교회인 이유를 알려면, 교회의 역사를 돌아볼 필요가 있습니다. 구약시대로 거슬러 올라가면 오늘날 교회의 모형인 성막이 나옵니다. 출애굽한 이스라엘 백성들이 하나님의 명령에 따라 성막을 지었습니다. 하나님께 제사를 드리려고요. 이스라엘 백성들은 정착하지 못하고 광야에서 이동하며 살았기에 철거와 설치가 용이한 천막을 세우고 그곳에서 제사를 드렸습니다.

이스라엘 백성들이 정착하고 왕국을 확립한 후 비로소 우리가 성전이라고 부르는 건물을 세웁니다. 이스라엘의 왕정이 시작되고 제3대 왕인 솔로몬이 처음으로 건축했습니다. 성전을 건축할 준비는 아버지 다윗왕이 이미 다 해놓았지만요. 솔로몬왕은 그 자재를 가지고 7년 동안 성전을 건축했습니다.

그러나 성전은 오래가지 못했습니다. 바벨론의 침공으로 이스라엘이 멸망할 때 파괴되고 말았습니다. 그 후 포로로 끌려갔던 이스라엘 백성들이 돌아와 유다 총독 스룹바벨의 지도 아래 성전을 재건합니다. 이 이야기는 구약성경 에스라서에 잘 나와 있습니다. 그러나 재건한 성전도 주후 70년 로마군에 의해 파괴됩니다.

신약성경에 나오는 예루살렘 성전은 분봉왕 헤롯이 스룹바벨 성전을 보수하여 건축한 성전입니다. 헤롯은 유대 사람이 아니었습니다. 그래서 유대 사람들의 환심을 사기 위해 예루살렘 성전을 건축했지요. 이 건축은 장기 프로젝트였습니다. 솔로몬 성전은 7년 만에 완공되었지만, 이 성전은 46년에 걸쳐 건축되었습니다(요 2:20). 요한복음 2장을 보면, 헤롯 성전 앞에서 예수님이 유대인들에게 이렇게 말씀하십니다. 19절입니다.

너희가 이 성전을 헐라. 내가 사흘 동안에 일으키리라.

유대인들은 46년 동안 지은 성전을 어떻게 사흘 만에 다시 세우겠느냐고 반문했지만, 이때 예수님은 자기 몸을 가리켜 성전이라 말씀하신 것입니다(요 2:21). 교회는 성막에서 성전으로, 이제는 예수님의 육체가 되었습니다. 예수님이 성전이 되신 이유를 알려면 구약시대에 성막과 성전이 어떤 의미를 갖는지 알아야 합니다. 출애굽기 40장 34-35절을 보십시오.

> 34 구름이 회막에 덮이고 여호와의 영광이 성막에 충만하매 35 모세가 회막에 들어갈 수 없었으니 이는 구름이 회막 위에 덮이고 여호와의 영광이 성막에 충만함이었으며.

여기에 나오는 회막과 성막은 모두 같은 대상을 가리킵니다. 이스라엘 백성들이 제사 드리던 곳, 천막 말입니다. 하나님의 영광이 충만하다고 말할 때 '성막'이라는 단어가 쓰입니다. 즉 성막은 하나님의 영광이 있는 곳, 거룩한 곳입니다. 하나님은 어디에나 계시지만 특별히 성막 가운데 임재하여 자신의 영광을 보여주셨습니다. 한편, 회막은 '모이는 천막'이라는 뜻입니다. 영어성경에서는 'the tent of meeting'이라고 씁니다. 직역하면 만남의 천막입니다. 이스라엘 백성들이 하나님을 만나기 위해 모이는 장소입니다. 이스라엘 백성들이 하나님께 나아가고, 하나님이 이들에게 오셔서 만나는 장소가 바로 성막이요 회막이었습니다.

예수님이 성전이 되신다는 것은 이 두 가지 의미를 가집니다. 임재와 만남입니다. 성전은 하나님의 임재가 있는 영광스러운 곳입니다. 예수님은 하나님이십니다. 영광의 하나님이 직접 이 땅에 오셨습니다. 이보다 더 확실한 임재가 있을까요?

또한 성전은 하나님과 이스라엘 백성들이 만나는 장소입니다. 구약시대에 이스라엘 백성들은 성전에서 잠시 하나님을 만날 뿐이었습니다. 오늘날 우리는 성전 되신 예수님을 통해 얼마든지 하나님을 만날 수 있습니다. 오직 예수님을 통해서입니다.

예수님을 믿을 때 우리 안에 성령님이 거하십니다. 성전은 하나님의 영광이 있는 곳이고, 하나님이 임재하시는 곳이라고 했습니다. 그렇다면 하나님의 영이 내주하시고, 영광의 하나님이 함께 하시는 성도가 곧 성전입니다. 예수님을 믿고 하나님의 영이 거하게 된 사람이 바로 교회입니다. 예수님을 나의 구주로 고백하는 내가 바로 교회입니다.

  이제 구약시대의 이스라엘 백성들처럼 하나님을 만나기 위해 특정한 곳으로 갈 필요가 없습니다. 내가 성전이고 교회이므로 내가 있는 바로 그곳에서 예수님을 통해 하나님을 만날 수 있습니다.

그리스도의 몸

그러나 교회는 단순히 성도 한 사람만 의미하진 않습니다. 예수님을 믿는 사람들이 함께하는 모임도 교회입니다. 교회 공동체지요. 그렇다면 한 교회 안에 있는 나와 다른 사람들은 어떤 관계일까요? 성경에 이런 관계를 잘 보여주는 비유가 있습니다. 고린도전서 12장 27절입니다.

  너희는 그리스도의 몸이요 지체의 각 부분이라.

교회는 예수님의 몸입니다. 교회 안에 있는 각 사람은 그 몸의 지체고요. 이것은 교회가 하나라는 사실을 강조합니다. 우리 몸은 긴밀하게 연결되어 있습니다. 침 맞을 때 보면, 아픈 곳은 놔두고 엉뚱한 곳에 침을 놓는 듯합니다. 체했는데 손가락을 땁니다. 머리가 아픈데 손에 침을 놓으면 두통이 낫기도 합니다. 우리 몸의 여러 기관들이 긴밀하게 연결된 까닭입니다. 우리 몸이 하나인 것처럼 교회도 하나입니다.

교회가 한몸이기에 드러나야 하는 특별한 모습이 있습니다. 바울은 고린도전서 12장에서 이런 모습에 대해 말합니다. 첫째, <u>교회가 한몸이라는 사실은 다른 사람들을 대하는 우리의 태도를 결정짓습니다.</u> 고린도전서 12장 21절을 보겠습니다.

> 눈이 손더러 내가 너를 쓸 데가 없다 하거나 또한 머리가 발더러 내가 너를 쓸 데가 없다 하지 못하리라.

몸에 눈, 귀, 코, 손, 발이 있는 것은 각각 맡은 역할이 있기 때문입니다. 그래서 다 필요합니다. 어느 하나만 중요하다고 말할 수 없습니다. 우리는 한몸이므로 지체인 다른 사람을 업신여길 수 없습니다. 나와 다르다고 해서 틀리지 않습니다. 하나님은 공동체 내 사람들에게 각각의 역할을 주셨습니다. 함부로 다른 사람을 판단할 수 없는 이유입니다. 나와 다른 사람을 인정하는 것, 다양한 사람들 가운데서 통일성을 이루어 가는 것, 이것이 교회 공동체다운 모습입니다.

둘째, 교회는 한몸이기에 분쟁이 없어야 합니다. 고린도전서 12장 25절을 보겠습니다.

> 몸 가운데서 분쟁이 없고 오직 여러 지체가 서로 같이 돌보게 하셨느니라.

한몸에는 분쟁이 없습니다. 당연한 말입니다. 발이 오른쪽으로 가려 하는데 팔은 왼쪽으로 가려 하는 일이 있을 수 있나요? 머리는 앞으로 가려는데 발은 뒤로 가려는 게 가능할까요? 만약 그렇다면 그 사람은 심각한 병에 걸린 것입니다. 교회도 마찬가지입니다. 건강한 교회는 겉으로 보이는 모양뿐 아니라 마음도 하나가 되어야 합니다. 그 안에 분쟁이 없어야 합니다.

셋째, 교회는 한몸이기에 고통과 영광을 함께 나눠야 합니다. 고린도전서 12장 26절을 보겠습니다.

만일 한 지체가 고통을 받으면 모든 지체가 함께 고통을 받고 한 지체가 영광을 얻으면 모든 지체가 함께 즐거워하느니라.

이 역시 당연한 말입니다. 사람의 몸은 참 신기합니다. 몸의 한 부분만 아파도 온몸이 괴로워지니 말입니다. 목이 붓고 따끔거리는 목감기에 걸렸는데 온몸에서 열이 납니다. 팔다리가 쿡쿡 쑤십니다. 교회가 한몸이라는 것은 이런 의미입니다. 다른 지체의 아픔과 고통을 내 것으로 느껴야 합니다. 다른 지체의 슬픔에 동참해야 합니다. 다른 지체의 영광도 함께 기뻐해야 합니다.

하나님의 가족

교회가 어떤 곳인지 잘 보여주는 비유가 또 있습니다. 에베소서 2장 19절을 보겠습니다.

그러므로 이제부터 너희는 외인도 아니요 나그네도 아니요 오직 성도들과 동일한 시민이요 하나님의 권속이라.

바울은 에베소서 교인들을 "이제부터 … 하나님의 권속"이라고 부릅니다. '권속'(眷屬)이라는 말을 다른 성경 번역본에서는 '가족'이라고 옮깁니다. 그렇습니다. 교회는 하나님의 가족입니다. 우리는 본래 하나님의 가족이 아니었습니다. 에베소서 2장을 보면, 예수님을 믿기 전에 우리는 공중의 권세 잡은 자 사탄을 따르는 자들이었습니다. 가족은커녕 하나님과 원수 되었던 자들이었습니다. 그랬던 우리가 이제 하나님의 가족이 되었습니다. 예수님의 십자가를 통해 하나님의 양자가 되어 가족을 이루었습니다.

가족은 서로에게 어떤 존재일까요? 신경숙의 소설 『엄마를 부탁해』에 이런 구절이 나옵니다.

> 가족이란 밥을 다 먹은 밥상을 치우지 않고 앞에 둔 채로도 아무렇지 않게 다른 일을 할 수 있는 관계다. 어질러진 일상을 보여주기 싫어하는 엄마 앞에서 내가 엄마에게 손님이 되어버린 것을 깨달았다.

어질러진 밥상을 보여줘도 아무렇지 않은 존재, 나의 약한 모습과 부족한 모습을 그대로 보여줄 수 있는 존재가 바로 가족입니다. 가족은 내 편입니다. 아무리 못나도 가족이기에 언제든지 내 편입니다. 좀 실수하고 잘못해도 가족이기에 덮어줍니다.

교회에서도 성도들 간에 이런 마음을 가져야 합니다. 가족만이 가질 수 있는 마음을 보여야 합니다. 사람이니 때로 실수합니다. 약해서 넘어집니다. 그럴수록 약한 부분을 보듬어야 하지 않을까요? 교회는 서로에게 힘이 되고 약하고 부족한 점을 감싸 안아주는 공동체입니다.

하나님의 집: 진리의 기둥과 터

디모데전서 3장 15절을 보겠습니다.

> 만일 내가 지체하면 너로 하여금 하나님의 집에서 어떻게 행하여야 할지를 알게 하려 함이니 이 집은 살아 계신 하나님의 교회요 진리의 기둥과 터니라.

여기에서 바울은 교회를 하나님의 집이라 말하고 있습니다. 건

물에 비유하고 있지요. 또한 교회를 가리켜 진리의 기둥과 터라고 말합니다. 교회가 진리를 세우는 기둥이요, 진리를 받치는 기초라는 말입니다. 잘 생각해보면 이 말이 우리가 평소 하는 말과 좀 다르다는 것을 알 수 있습니다.

보통은 진리를 교회의 기둥 또는 터라고 말하지 않나요? 에베소서 2장 10절에서는 교회가 사도들과 선지자들의 터 위에 세우심을 입었다고 말합니다. 사도들과 선지자들의 터란 그들의 가르침, 즉 진리의 성경 말씀을 말합니다. 진리의 말씀은 교회를 떠받치는 기둥이기도 합니다. 진리의 말씀을 제대로 선포하지 않는 교회는 무너질 수밖에 없습니다. 진리는 교회를 지탱하는 힘이니까요.

그런데 디모데후서 3장 15절은 반대로 이야기합니다. 교회가 진리의 기둥과 터가 된다고 말합니다. 먼저, 교회가 어떻게 진리의 터, 진리를 안전하게 지키는 곳이 되는지 보겠습니다.

진리의 터: 진리를 지키는 교회

요즘 이단들의 공격이 심상치 않습니다. 교회는 진리를 왜곡하는 이단들의 공격을 막아내고 진리의 말씀을 지켜야 합니다. 초대 교회의 역사는 교회가 어떻게 목숨 걸고 진리를 지켜왔는지 잘 보여줍니다.

오늘날에도 성도들이 어려워하는 기독교 교리들이 있습니다. 이를테면 앞에서 살펴보았던 삼위일체 교리, 예수님의 양성 교리 등이 그렇습니다. 초대 교회는 당시 여러 종교회의를 통해 논쟁 거리가 된 교리들을 다듬고 정립했습니다. 이렇게 한 것은 진리를 흔들고 왜곡하는 이단들의 공격이 있었기 때문입니다. 이단들은 예수님의 신성 또는 인성을 부인했습니다. 교회는 이에 맞서 진리를 수호하기 위해 많은 논의를 했고, 지금의 교리를 확정지었습니다.

교회는 진리 수호에 앞장서야 합니다. 이단들의 공격에 진리가 훼손되게 두어서는 안 됩니다. 특히 오늘날 강하게 부는 세속화와 자유주의 바람에 날아가지 않게 진리를 지켜야 합니다. 말씀의 본질을 흐리는 잘못된 흐름 속에서 진리를 사수해야 합니다.

진리의 기둥: 진리를 선포하는 교회

교회는 진리의 기둥이기도 합니다. 기둥은 그리스어로 '스틸로스'라고 하지요. 기둥 또는 원주를 가리킵니다. 스틸로스는 고대 신전의 주요 특징으로, 보기에도 아름다울 뿐 아니라 구조물 전체를 단단히 지탱하는 역할을 했습니다. 또한 지붕을 높이 떠받쳐 멀리서도 누구나 신전의 지붕을 잘 볼 수 있게 해주었습니다.

이와 같이 교회도 진리의 기둥이 되어 진리를 단단히 떠받칠 뿐 아니라 높이 들어올려야 합니다. 세상 사람들이 진리를 잘 볼 수 있게 말입니다. 진리를 널리 자랑해야 합니다.

세상 사람들은 교회를 통해 무엇을 볼 수 있을까요? 교회는 세상에 무엇을 보여줘야 할까요? 화려한 건물? 발 디딜 틈 없이 꽉 들어찬 사람들? 그 안에 모인 사람들의 성공? 아니요, 교회는 세상 사람들에게 진리를 보여줘야 합니다. 진리를 선포해야 합니다. 진리를 들려줘야 합니다. 이것이 교회가 할 일입니다.

교회는 예수 그리스도를 구주로 믿고 하나님의 영이 거하게 된 사람들을 말합니다. 예수님의 몸된 교회를 이루는 각 지체가 서로 사랑하고 돌보며, 진리를 지키고 선포하는 사명을 가집니다.

한 걸음 더

결혼식 주례 때 참 많이 인용되는 성경 구절이 있습니다. 아내는 남편에게 복종하고, 남편은 아내를 사랑하라는 에베소서 5장 22-27절 말씀입니다. 여기에서 남편과 아내는 예수님과 교회의 관계로 설명됩니다. 교회는 그리스도의 신부입니다.

예수님이 신부인 교회를 보며 기대하시는 모습이 있습니다. 영광스러운 교회요 가장 아름다운 신부입니다. 에베소서 5장 27절은 그 모습을 이렇게 묘사합니다. "티나 주름 잡힌 것이나 이런 것들이 없이 거룩하고 흠이 없게 하려 하심이라." 결혼식 날 신부의 모습이 이러할 것입니다. 정성 들여 단장하고 아름다운 웨딩드레스를 입은 신부는 식장에 모인 그 누구보다 아름답습니다.

교회는 예수님 앞에 이렇게 꽃 같은 신부의 모습으로 서야 합니다. 아니 꽃보다 더 아름다운 신부입니다. 그러나 오늘날 우리 교회의 모습은 꽃보다 아름다운 신부라고 하기엔 많이 부족합니다. 오히려 세상에서 비난과 조롱 거리가 되고 있는 실정이지요. 교회가 그리스도의 신부임을 잊어서는 안 됩니다. 교회는 꽃보다 아름다운 곳이 되어야 합니다. 이런 교회를 만들 책임이 우리에게 있습니다.

7강
세상 마지막 날엔 무슨 일이 일어나요?

마지막으로 종말론에 대해 살펴보겠습니다. 보통 종말론 하면 이 세상의 종말만 생각합니다. 많은 사람들이 예수님이 언제 오실지에 궁금해하지만, 그날이 언제일는지 아무도 알지 못합니다. 이 세상의 종말이 언제이든, 예수님이 언제 오시든, 확실한 건 내가 이 땅에서 죽으면 그것이 나에게는 종말이라는 겁니다. 세상의 종말과 상관없이 한 사람의 죽음은 곧 그에게 종말입니다.

이렇게 종말론은 크게 개인의 종말론과 우주의 종말론으로 나누어 생각해볼 수 있습니다. 개인의 종말론은 한 사람의 죽음과 그 후의 일을 다룹니다. 우주의 종말론은 세상의 종말과 그 후의 일을 다룹니다.

이미와 아직

종말론을 공부하기 전에 분명히 해둘 점이 있습니다. 종말은 언제 올지 모르는 먼 미래의 일이 아니라는 것입니다. 디모데후서 3장 1-5절을 보겠습니다.

> [1] 너는 이것을 알라. 말세에 고통하는 때가 이르러 [2] 사람들이 자기를 사랑하며 돈을 사랑하며 자랑하며 교만하며 비방하며 부모를 거역하며 감사하지 아니하며 거룩하지 아니하며 [3] 무정하며 원통함을 풀지 아니하며 모함하며 절제하지 못하며 사나우며 선한 것을 좋아하지 아니하며 [4] 배신하며 조급하며 자만하며 쾌락을 사랑하기를 하나님 사랑하는 것보다 더하며 [5] 경건의 모양은 있으나 경건의 능력은 부인하니 이같은 자들에게서 네가 돌아서라.

1절에서 말세에 고통하는 때, 즉 어려운 때가 이른다고 말합니다. 2절부터 5절 상반절까지의 말씀은 말세에 일어나는 부정적인 일들에 대해 이야기합니다. 종말에 일어나는 일이니 당연히 미래 시제를 쓰고 있습니다. 그런데 5절 마지막에 가서 "이같은 자들에게서 네가 돌아서라"라는 말은 현재시제로 씁니다. 미래에 벌어질 일들에 대해 지금 돌아서라는 말씀입니다.

이는 종말이 단순히 먼 미래의 일이 아님을 보여줍니다. 학자들은 '이미'(already)와 '아직'(not yet)이라는 말로 종말을 설명합니다. 종말은 예수님이 이 땅에 오심으로 이미 시작되었습니다. 하지만 아직 완성되지 않았습니다. 종말은 예수님이 재림하실 때 완성될 것입니다.

우리는 이미 온 종말과 아직 완성되지 않은 종말 사이에서 살고 있습니다. 그러므로 종말이 과연 언제 올지 궁금해 하기보단 이미 온 종말의 때를 잘 살아내야 합니다.

죽음

먼저, 개인의 종말론부터 살펴보겠습니다. 우주의 종말이 언제 올지 모르지만 개인으로 보면 자신의 죽음이 종말입니다. 이 땅에서 육체가 죽는 것이지요. 그런데 인간에겐 육체의 죽음 말고도 다른 종류의 죽음이 있습니다. 영적 죽음과 영원한 죽음입니다.

이것을 이해하려면 먼저 죽음이 무엇인지 알아야 합니다. 오늘날 인간의 죽음을 놓고 의학적 논쟁이 분분합니다. 심장사와 뇌사 논란입니다. 뇌가 멈추어 인간으로 기능하지 못하는 것을 죽음으로 보느냐, 심장이 멈추는 것을 죽음으로 보느냐 하는 문제입니다.

성경이 말하는 죽음은 육체와 영혼의 분리입니다. 인간은 육체와 영혼으로 이루어져 있습니다. 육체와 영혼이 심장이 멈출 때 분리되는지, 뇌가 멈출 때 분리되는지는 알 수 없습니다. 어느 경우이든 <u>육체와 영혼이 분리되는 것이 육체적 죽음입니다.</u> 이렇듯 죽음에는 분리의 의미가 있습니다.

육체적 죽음 말고 영적 죽음도 있습니다. <u>영적 죽음도 분리를 뜻합니다. 하나님과 분리되는 것입니다.</u> 죄가 하나님과 사람 사이를 갈라놓았습니다. 아담 이후로 사람은 태어날 때부터 이미 영적으로 죽은 상태입니다.

또 영원한 죽음도 있습니다. 영원한 죽음은 하나님과 영원히 분리된 상태에 있는 것입니다. 뒤에 가서 살펴보겠지만, 부활과 최후의 심판 다음에 하나님의 영원한 심판 아래 놓이는 것을 말합니다.

인간이 육체적으로 죽는 것은 원래 자연스러운 일이 아닙니다. 세포가 노화되고 재생 능력이 없어져 죽는 게 아닙니다. <u>인간의 죽음은 죄에 대한 하나님의 형벌이라고 성경은 분명히 말합니다</u>. 아담이 하나님의 명령에 불순종하여 먹으면 반드시 죽을 것이라고 말씀하신 선악과를 따먹었습니다. 이 일로 인간은 하나님의 심판을 받았습니다. 죄로 인해 하나님과 분리된 인간은 결국 육체적으로도 죽을 수밖에 없는 존재가 되었습니다.

중간 상태

사람은 이 세상에서 살다가 육체적 죽음을 맞이합니다. 그런 다음 예수님이 재림하실 때 우리의 몸은 부활합니다. 육체적 죽음과 장차 있을 몸의 부활 사이에 어떤 일이 있는지 밝히는 것이 '중간 상태' 교리입니다. 인간이 죽으면 몸과 영혼이 분리된다고 말씀드렸지요? 몸은 부활할 때까지 이 세상에서 사라집니다. 하지만 영혼은 그대로 있습니다. 이 영혼이 죽음과 부활 사이에 어떤 상태에 있는지 중간 상태 교리는 말합니다.

이 시기에 의인과 죄인의 운명이 나뉩니다. 여기에서 의인과 죄인은 세상의 도덕적 기준으로 나뉘지 않습니다. 예수님을 믿느냐 믿지 않느냐로 나뉩니다. 즉 신자와 불신자를 말합니다.

의인, 즉 신자의 영혼은 죽는 즉시 천국에 갑니다. 예수님은 골고다 언덕에서 함께 십자가에 매달렸다가 회개한 강도에게 오늘 자신과 함께 낙원에 있을 것이라고 말씀하셨습니다. 낙원은 다름 아니라 천국을 말합니다. <u>천국에서 의인은 잠정적인 축복을 누립니다. 그러다가 장차 예수님이 재림하실 때 몸으로 부활하여 완전한 축복을 누리게 됩니다.</u>

죄인, 즉 불신자의 영혼은 죽는 즉시 지옥에 갑니다. 누가복음 16장에 나오는 부자와 나사로의 비유를 보면, 부자가 지옥에서 고통받는 모습을 볼 수 있습니다. 여기에서 죄인이 받는 심판도 잠정적입니다. 그러다가 예수님이 재림하실 때 심판을 받아 영원한 저주 아래 놓이게 됩니다.

한 걸음 더

중간 상태 교리와 관련해 이른바 '제2의 기회'를 주장하는 사람들이 있습니다. 사람이 죽은 다음에도 구원받을 수 있는 또 한 번의 기회가 있다는 주장입니다. 그들은 특히 예수님이 장사된 후 부활하기 전에 지옥에 가서 복음을 전하셨다고 주장합니다. 근거로 삼는 구절은 베드로전서 3장 18-20절입니다.

> [18] 그리스도께서도 단번에 죄를 위하여 죽으사 의인으로서 불의한 자를 대신하셨으니 이는 우리를 하나님 앞으로 인도하려 하심이라. 육체로는 죽임을 당하시고 영으로는 살리심을 받으셨으니 [19] 그가 또한 영으로 가서 옥에 있는 영들에게 선포하시니라. [20] 그들은 전에 노아의 날 방주를 준비할 동안 하나님이 오래 참고 기다리실 때에 복종하지 아니하던 자들이라. 방주에서 물로 말미암아 구원을 얻은 자가 몇 명뿐이니 겨우 여덟 명이라.

19절에 예수님이 "영으로 가서 옥에 있는 영들에게 선포하셨다"는 말씀이 나옵니다. 이들은 노아 시대에 홍수 심판의 경고를 듣고도 불순종했던 사람들의 영혼입니다(20절). 이 말씀을 근거로 예수님이 지옥에 가서 살아 있을 때 복음을 받아들이지 않았던 영혼들에게 복음을 선포하셨다고, 이것이 제2의 기회라고 주장하는 것입니다.

하지만 이 말씀이 가르치는 바는 그런 게 아닙니다. 그들은 살아 있을 때 이미 노아에게 복음을 들었습니다. 그때 예수님이 영으로 노아와 함께하셨습니다. 그러나 사람들은 복음을 듣지 않았습니다. 그때 구원받은 사람은 노아의 식구 여덟 명뿐이었습니다.

오히려 이 말씀은 우리가 이 세상에 살아 있을 때 복음을 듣고 순종해야 한다는 가르침을 줍니다. 순종한 사람들은 구원을 받았지만 불순종한 사람들은 지옥에 가고 말았습니다. 제2의 기회는 없습니다. 이 세상에 살아 있을 때 예수님을 믿어야 합니다. 그래야 구원을 받습니다.

몸의 부활

인간은 예수님이 재림하실 때 그 몸이 부활합니다. 우리의 영혼만 영원히 사는 것이 아닙니다. 성경은 몸의 부활이 있음을 분명하게 가르치고 있습니다. 특별히 '부활장'이라고 불리는 고린도전서 15장은 전체에 걸쳐 예수님의 부활을 통해 모든 사람들이 부활할 것이라고 확언합니다. 20절을 보겠습니다.

그러나 이제 그리스도께서 죽은 자 가운데서 다시 살아나사 잠자는 자들의 첫 열매가 되셨도다.

예수님이 부활하심으로 잠자는 자들의 첫 열매가 되셨다고 말합니다. 여기에서 잠자는 자들은 죽은 사람들을 말합니다. 첫 열매가 되셨다는 것은 앞으로 계속해서 열매가 열릴 것이라는 뜻입니다. 예수님이 육체적으로 부활하셨듯이 우리도 육체적으로 부활할 것입니다.

부활한 몸은 현재의 몸과 어떤 관계일까요? 먼저, 둘 사이에는 연속성이 있습니다. 현재의 정체성이 보존됩니다. 부활한 몸은 현재의 몸과 전혀 상관 없는 몸이 아니라 유기적으로 연관성 있는 몸이 될 것입니다.

반면, 차이점도 있습니다. 부활한 몸은 현재의 몸과 달리 특별하고 강력한 몸이 될 것입니다. 아프지 않고, 나이 먹지 않고, 죽지 않는 몸입니다. <u>인간의 구원은 몸의 부활로 완성됩니다. 가장 영광스러운 몸입니다.</u>

예수님의 재림

이제 우주의 종말론에 대해 살펴보겠습니다. 종말은 예수님이 이 땅에 처음 오심으로 이미 시작되었다고 앞에서 말씀드렸습니다. 종말은 예수님의 재림으로 완성됩니다. 성경은 예수님이 이 땅에 다시 오신다고 반복해서 가르칩니다. 예수님도 다시 오심에 대해 직접 말씀하셨습니다. 예수님이 승천하실 때 천사들도 그 이야기를 했습니다. 구약성경과 신약성경 곳곳에서 예수님의 재림을 언급합니다.

예수님이 재림하시는 방법은 초림 때와 비슷한 점도 있지만 다른 점도 있습니다. 예수님은 이 땅에 처음 올 때 성육신하여 오셨습니다. 다시 오시는 예수님도 육체로 오십니다. 예수님이 승천하실 때, 그 광경을 보고 있던 사람들에게 흰 옷 입은 두 사람이 나타나 말합니다. 예수님이 하늘로 올라가신 모습 그대로 다시 오실 것이라고요.

그럼에도 처음 오실 때와는 다른 점이 있습니다. 예수님의 재림은 가시적이고 영광스러울 것입니다. 예수님이 이 땅에 처음 오셨을 때는 사람들이 알지 못했습니다. 그 밤에 들에서 양을 치던

목자들만 예수님께 경배했습니다. 아기 예수가 태어난 장소도 초라했습니다. 여관의 마굿간에서 탄생하셨으니까요. 그러나 **예수님이 다시 오시는 그때에는 누구나 보고 알 수 있게 영광스러운 모습으로 오십니다.**

재림의 날이 언제일지는 아무도 모릅니다. 오직 하나님만 아십니다. 밤에 도둑이 오듯이 갑작스럽게 오신다고 했습니다. 그러므로 우리는 항상 깨어 예수님의 재림을 기다려야 합니다.

재림의 징조

예수님이 다시 오시는 날짜와 시간은 알지 못합니다. **갑작스럽게 오실 텐데 다만 그때가 가까이 왔다는 건 알 수 있습니다.** 예수님의 재림 전에 나타날 징조들을 성경에서 알려주고 있기 때문입니다. 이런 징조들은 신약성경 곳곳에 나와 있습니다.

먼저, 복음이 모든 나라에 전파됩니다. 둘째, 대환난이 일어납니다. 셋째, 이적과 기사를 행하는 거짓 선지자들이 많이 일어납니다. 넷째, 하늘의 해가 어두워지고 달이 빛을 내지 않는 이상한 일들이 벌어집니다. 다섯째, 불법의 아들 적그리스도가 등장하고 복음을 배신하는 일이 크게 벌어집니다. 여섯째, 지금은 예수님을 믿지 않고 있는 이스라엘 백성들이 돌아옵니다.

재림의 징조들을 보면서 생각할 점이 하나 있습니다. 재림이 아무도 모르게 갑자기 일어날 것이라고 했는데, 그렇다면 예수님이 오늘 당장이라도 재림하실 수 있는 것인지 궁금해집니다. 여기에는 두 가지 견해가 있습니다.

먼저, 예수님이 당장 재림하실 수 없다는 견해입니다. 성경에서 말하는 여러 징조들이 아직 성취되지 않았으므로 당장은 예수님이 오실 수 없다는 주장입니다. 반면, 예수님이 오늘 당장이라도 오실 수 있다는 견해도 있습니다. 재림 전에 이런 징조들이 없다고 주장하는 건 아닙니다. 다만 이런 징조들이 초대 교회 당시와 그 후 역사 속에서 이미 성취되었다고 봅니다.

둘 중 어느 주장이 맞는지 우리는 알 수 없습니다. 예수님이 오늘 당장 오실 수도 있고 안 오실 수도 있겠지요. 우리는 다만 "항상 깨어 있으라"(막 13:33)는 말씀에 순종할 뿐입니다.

최후의 심판과 최후의 상태

예수님이 재림하시고 죽은 자들이 부활한 다음에는 최후의 심판이 있습니다. 개인의 종말론에서 중간 상태에 대해 이야기하면서 잠정적인 축복과 심판이 있다고 말씀드린 것 기억하시나요? 이제 최후의 심판을 통해 인간이 최후로 맞이하는 상태가 선포됩니다.

마지막 심판으로 인간의 최후 상태가 결정된다는 말은 아닙니다. 인간의 최후 운명은 이 땅에서 살아가면서 예수님을 믿느냐 믿지 않느냐로 이미 결정났습니다. 이 결정에 따라 인간은 중간 상태에서 잠정적인 축복 또는 저주 아래 있었지요. 최후의 심판에선 이미 결정된 인간의 운명이 최종적으로 선포됩니다.

이때 심판주는 예수님이십니다. 디모데후서 4장 1절을 보겠습니다.

하나님 앞과 살아 있는 자와 죽은 자를 심판하실 그리스도 예수 앞에서 그가 나타나실 것과 그의 나라를 두고 엄히 명하노니.

2교시 4강 '예수님은 누구인가요?'에서 말씀드렸듯이 처음에 예수님은 이 땅에 구원주로 오셨습니다. 이제 다시 오시는 예수님은 심판주로 오십니다.

최후의 심판을 받는 자들은 첫째로 죄인들, 즉 불신자들입니다. 이 땅에서 예수님을 믿지 않았던 모든 불신자들이 심판을 받습니다. 최후의 심판 후에는 지옥에서 영원한 형벌을 받습니다. 하나님과 단절되어 영원한 죽음 아래 놓입니다. 지옥의 형벌이 어떤 것인지는 성경에 자세히 나와 있지 않습니다. 다만 불신자들이 부활한 몸으로 특정한 장소에서 영원히 고통받는 것은 분명합니다.

최후의 심판은 의인들, 즉 신자들도 받습니다. 그러나 이것은 형벌이 아니라 상을 주기 위한 심판입니다. <u>이제 신자들은 새 하늘과 새 땅에서 하나님과 함께 영원한 안식을 누리게 됩니다.</u>

최후의 심판 때 타락한 천사들도 심판을 받습니다. 베드로후서 2장 4절입니다.

> 하나님이 범죄한 천사들을 용서하지 아니하시고 지옥에 던져 어두운 구덩이에 두어 심판 때까지 지키게 하셨으며.

하나님은 범죄한 천사들을 용서하지 않고 심판 때까지 가둬두셨습니다. 그런 다음 마지막에 이들을 향한 하나님의 심판이 이루어집니다.

최후의 심판과 최후의 상태에 대한 교리는 우리가 이 땅에서 어떻게 살아야 하는지 또렷이 보여줍니다. 이 땅에서 악한 자들이 잘 먹고 잘사는 일이 종종 있습니다. 의인들이 고난과 핍박을 받는 일도 있습니다. 하지만 이 땅의 삶은 영원에 비춰보면 정말 짧은 시간입니다. 우리는 안개같이 사라지는 이 땅의 삶이 아니라 영원한 천국의 삶을 소망하며 살아야 합니다.

그렇다고 이 땅의 삶이 무의미하지 않습니다. <u>최후에 우리가 어떤 모습으로 영원히 살 것인가는 바로 이 땅의 삶으로 결정되니까요.</u>

누구나 육체적 죽음으로 개인의 종말을 맞습니다. 우주의 종말은 예수님의 재림 때 이루어지고, 그때 산 자와 죽은 자 모두 최후의 심판을 받습니다. 신자에게 종말은 구원의 완성이므로 항상 깨어 그날을 기다려야 합니다.

3시간에 끝내는
기독교 핵심 교리

초판 1쇄 발행 2024년 5월 20일

지은이	김덕종
펴낸이	신은철
펴낸곳	좋은씨앗
출판등록	제4-385호(1999. 12. 21)
주소	서울시 서초구 바우뫼로 156(MJ 빌딩), 402호
주문전화	(02)2057-3041
주문팩스	(02)2057-3042
삽화출처	Zdenek Sasek, Jevgenijs K/shutterstock.com

www.facebook.com/goodseedbook

ISBN 978-89-5874-400-9 03230

ⓒ 김덕종 2024

이 책의 저작권은 저자와 독점계약한 도서출판 좋은씨앗에 있습니다.
신저작권법에 의하여 보호를 받는 저작물이므로 무단 전재와 복제를 금합니다.